Fritz Walter
Spiele, die ich nie vergesse

FRITZ WALTER

SPIELE,
DIE ICH NIE VERGESSE

COPRESS

Umschlagfoto: Archiv Huba
Abbildungen: von der Becke, Betzler, Böhme, Copress Archiv, Dick,
Gayer, Hartmann, Mehrens, Neuwirth, Schirner, Schmidtpeter, Studio
Schwaben, Trisl, Zentralbild, Archiv

Zu diesem Buch
Die Texte der Fußball-Klassiker blieben im wesentlichen unverändert.
Ein aktuelles Nachwort und eine biographische Übersicht am Schluß jedes
Bandes schließen den Bogen zur Gegenwart.
Bei allen Abbildungen handelt es sich um heute kaum oder gar nicht mehr
zu beschaffende Originalaufnahmen, deren hoher dokumentarischer Wert
die teilweise reduzierte Wiedergabequalität ausgleichen dürfte.

Die Deutsche Bibliothek – CIP-Einheitsaufnahme

Walter, Fritz:
Spiele, die ich nie vergesse / Fritz Walter. – Aktualisierte Neuaufl. –
München : Copress-Verl., 1991
(Fussball-Klassiker)
ISBN 3-7679-0362-8

Umschlaggestaltung: Uwe Richter
Layout: Tillmann Roder

Aktualisierte Neuauflage 1991
© 1968 by Copress Verlag GmbH, München
Nachwort: © 1991 Copress Verlag GmbH, München
Alle Rechte vorbehalten.
Gesamtherstellung: Bruckmann München
Printed in Germany
ISBN 3-7679-0362-8

FINALE 1955

»Pscht ... pscht ... pscht ... Hinweg mit euch, Viecher! Weg mit euch, der König schläft!«

Was war mit Werner Liebrich los?

Als ich zum Mittagessen in den Speisesaal kam, stand er vor der versammelten Mannschaft des 1. FC Kaiserslautern und machte sich über mich und Richard Schneider, unseren Trainer, lustig. Die Kameraden, die am folgenden Tag, dem 26. Juni 1955, zum Endspiel um die Deutsche Fußballmeisterschaft gegen Rot-Weiß Essen anzutreten hatten, vergaßen in diesem Augenblick die harte Bewährungsprobe, die auf sie wartete und hielten sich den Bauch vor Lachen. Was war mit Werner Liebrich los?

Jeden Morgen ließen sich riesige Krähenschwärme vor unserem Quartier in Gehrden bei Hannover nieder und schreckten uns mit ihrem fürchterlichen Geschrei aus dem Schlaf. Werner rekonstruierte soeben, wie er sich die Szene in meinem Zimmer vorstellte: Richard, unser um alles und jeden besorgter guter Geist, sei, so behauptete er frech, aus dem Bett gesprungen, hätte sich ans Fenster gestellt und die lärmenden Vögel mit flehend erhobenen Händen beschworen, weiterzufliegen:

»Pscht ... pscht ... pscht ... Hinweg mit euch, Viecher! Weg mit euch, der König schläft!«

Das war nur eine von den vielen kleinen Bosheiten, die Werner von sich gab, seit ich das Zimmer nicht mehr mit ihm, sondern mit Richard Schneider teilte.

»Ja, ja, jetzt haste den richtigen bei dir«, spottete er und vergaß dabei ganz, daß Richard nicht nur mir, sondern jedem von uns Gefälligkeiten erweist, wo immer er kann.

»Schaut, so macht es Richard mit dem König«, fuhr Werner in seiner Vorstellung fort und packte mit der rechten Hand seine Linke, um sie übertrieben gefühlvoll auf eine andere Stelle der weißen Tischdecke zu legen.

Die erste Mannschaft, die sich vor Lachen kaum beruhigen konnte, schaute ihn verständnislos an.

»Ihr wißt doch, der König ist kein Freund der Sonne. Wenn die ersten Strahlen morgens auf seine Bettdecke fallen, kommt der Richard sogleich angehupft und legt die Hand vom schlafenden Friedrich immer schön vorsichtig dahin, wo sie die Sonne nicht kitzeln kann!«

Schallendes Gelächter!

Sollten sich die Kameraden ruhig auf meine und Richards Kosten amüsieren! Der Spaß war ja nicht böse gemeint, und Lachen konnte uns, die wir mit einem angemessenen Packen Sorgen nach Hannover gekommen waren, bestimmt nicht schaden. Vor allem bei Werner, unserem Weltmeisterschaftsstopper, der mich seit einiger Zeit aus den unlogischsten Gründen »König« nannte, war in den Tagen vor dem Endspiel Ablenkung mehr als angebracht. Eine immer noch nicht ausgeheilte Verletzung machte ihm arg zu schaffen. Es war sehr fraglich, ob wir beim Endspiel nicht auf ihn, wie in all den wichtigen Ausscheidungskämpfen auf meinen Bruder Ottmar, verzichten mußten. Auch die sehr schmerzhafte Rippenprellung, die ich mir am 12. Juni beim Treffen mit Viktoria Berlin zugezogen hatte, war trotz Heißluft, Rotlicht, Kurzwellen, Unterwassermassagen und Ichthyolverbänden noch nicht aus der Welt geschafft. Um das Unglück voll zu machen, hatte sich Wenzel, bei uns »Schwarzer« genannt, im Training einen Bluterguß am Knöchel zugezogen. Die Schwellung war so stark, daß man vom Gelenk nichts mehr sah. Während wir uns auf den Sonntag vorbereiteten und zwischendurch mal in der Stadt einen Film ansahen, mußte Wenzel im Bett bleiben und seinen Bluterguß auskurieren.

Teils mit Hoffen, teils mit Bangen sahen wir die Stunde der Entscheidung näherkommen.

»Wer putzt wen weg?«hatte ich ein paar Tage vorher an Helmut Rahn telegrafiert, meinen Intimus während der Weltmeisterschaft in der Schweiz, dem ich jetzt zum erstenmal auf dem Rasen als Gegner gegenüberstehen sollte.

Er hätte die Frage so wenig zu beantworten vermocht wie ich. Für Rot-Weiß Essen, das mit seiner erstklassigen Mannschaft die Viktoria nach langer Pause wieder einmal nach Westdeutschland holen wollte, waren die Chancen ungleich größer als für uns. Die Wahl des Austragungsortes Hannover sicherte den Essenern eine weitaus stärkere Unterstützung durch

Schlachtenbummler. Außerdem hatten sie in siebzig oder mehr Auslandsspielen, vor allem in Südamerika, unwahrscheinliche Erfahrungen gesammelt.

Wir Kaiserslauterer klammerten uns an nichts so sehr wie an den festen Willen, das Letzte an Einsatzbereitschaft herzugeben, aber auch an die abergläubische Hoffnung, daß nach den Siegen 1951 und 1953 die nächste ungerade Jahreszahl wieder einen Sieg für uns bringen müßte.

Rein taktisch wollten wir ähnlich wie im Vorrundenspiel gegen den Hamburger Sport-Verein verfahren, das heißt, den als Mittelstürmer nominierten Horst Eckel als Mittelläufer operieren lassen und Werner Liebrich, der ja noch nicht voll einsatzfähig war, als Ausputzer verwenden. Wir planten zunächst, Baßler in den Sturm zu nehmen und Ernst Liebrich in der Verteidigung einzusetzen. Nach langem Hin und Her entschlossen wir uns aber doch für folgende Mannschaft: *Hölz; Baßler, Kohlmeyer; Mangold, Werner Liebrich, Render; Scheffler, Fritz Walter, Eckel, Wenzel, Wanger.* Wie gesagt, Eckel gehörte nur nominell zum Angriff. Faktisch hatten wir einen Vier-Mann-Sturm, von dem wir aber hinreichende Stoßkraft erhofften.

Biß in den sauren Apfel

Rechtzeitig fuhren wir am Sonntag von Gehrden los und kamen mit dem Omnibus eine gute halbe Stunde vor Spielbeginn im Niedersachsen-Stadion an. Unser Arzt, den wir nach Hannover gebeten hatten, war inzwischen eingetroffen, und angesichts der unmittelbar bevorstehenden Entscheidung ließ sich Werner Liebrich, der sich sonst standhaft gegen Injektionen wehrte, eine schmerzstillende Spritze verpassen.

»Also gut, ich beiß' in den sauren Apfel«, sagte er grimmig entschlossen und folgte Wenzels und meinem Beispiel.

Um ein Haar wären wir in letzter Minute noch um einen Patienten reicher geworden. Unser linker Läufer Render, der noch Fußball spielen würde, wenn er seinen Kopf schon unter dem Arm trägt, konnte die Spritzerei nicht mit ansehen. Weil er schon ganz grün um den Schnabel wurde, schickten wir ihn in den Waschraum.

Wider Erwarten war vor allem Trainer Richard Schneider vor unserem fünften Endspiel sehr nervös. Das Kommen und Gehen der Rundfunk- und Presseleute brachte ihn ganz aus dem Häuschen. Und als Jupp, ein kriegsversehrter Schlachtenbummler aus Aachen, der bei den meisten entscheidenden Spielen von uns auftaucht, hereinhumpelte, um jedem einzeln die Hand zu drücken, fuhr ihn der sonst so weichherzige Richard ungnädig an:

»Mensch, Jupp, laß jetzt die Leute mal in Ruh! Geh doch raus!«

»Kinder, macht ihr ein Theater! Grad so, als ob es darum ginge, Deutscher Meister zu werden«, sagte ich und hatte die Lacher auf meiner Seite.

So vergingen die letzten Minuten vor dem Spiel. Der eine band sich die Schuhe noch mal fest, der andere rieb sich zur Erfrischung mit Kölnisch Wasser ein. Als wir uns zum Abschluß der Vorbereitungen die Hände gaben und unseren berühmten Kreis bildeten, hatte ich doch das Gefühl, daß wir es vielleicht schaffen könnten.

»Hopp, Männer, drauf«, sagte ich. »Heute packen wir es noch mal! Denkt immer daran, wie schön es wär', zum drittenmal die Deutsche Meisterschaft zu erringen!«

»Es muß!« antworteten sie im Chor.

Endlich kam Schiedsrichter Meißner.

»In ein paar Minuten geht's los!« sagte er, »ist alles klar?«

Wir waren soweit.

Auf der Treppe, die zum Stadion hinunterführt, trafen wir die Rot-Weißen aus Essen. Wir, die »Roten Teufel vom Betzenberg«, hatten ihnen zuliebe freiwillig auf unser traditionelles Trikot verzichtet und erschienen in Blau.

Die Mannschaften kannten sich gut. Vor allem meine Begrüßung mit Helmut Rahn, Fritz Herkenrath und Trainer Fritz Szepan fiel herzlich aus. Gemeinsam gingen wir die Stufen hinunter und betraten unter dem Jubel von 80 000 das Stadion.

»Alles Gute zum Endspiel!« wünschte ich Spielführer August Gottschalk beim Wimpelaustausch.

»Danke, alles Gute auch für euch!« antwortete er.

Nach der Seitenwahl, die Gottschalk gewann, pfiff Schiedsrichter Meißner schließlich den denkwürdigen Kampf auf dem grünen Rasen an.

Ein kurzer Traum

In den ersten Minuten kamen wir besser ins Spiel als die Essener. Wir hatten Werner Liebrich wie besprochen zurückgenommen und Eckel mit der Aufgabe betraut, Mittelstürmer Gottschalk zu beschatten. Die Essener Abwehr stand gut gestaffelt und versuchte, über ihren Mittelstürmer Steildurchbrüche zu starten. Bemerkenswert, wie der doch auch nicht mehr junge Gottschalk trotz seiner Körperfülle auf die Flügel wechselte oder von der Mitte aus mit präzisen Kopfbällen und Flanken in den freien Raum seine Außenstürmer einsetzte.

Nach zehn Minuten kamen wir zu einem etwas glücklichen Führungstreffer.

Kohli hatte sich in den Angriff eingeschaltet und gab nahe der Eckfahne eine hohe Flanke vor das Essener Tor. Herkenrath, für den solche Bälle sonst ein gefundenes Fressen sind, hatte das Leder schon in den Händen. Ich wollte mich bereits wegdrehen, da ich weiß, daß Fritz solche Sachen mit tödlicher Sicherheit meistert. Doch irgendwie, ich kann mir selbst nicht erklären warum, ließ er den Ball fallen. Unser Spezialist für solche Situationen, Wenzel, der Mann mit dem unwahrscheinlichen Torriecher, war zur Stelle und vermochte zum 1:0 einzuschieben. 1:0 also!

Das gab uns natürlich mächtigen Auftrieb, zumal Horst Eckel in der ersten Viertelstunde nicht nur Gottschalk beschattete, sondern auch mit ein paar schönen Soli zwei, drei Essener umspielte, sich geschickt in den Angriff einschaltete und stürmte. Scheffler zog einmal in mächtigem Sprint den Ball an Mittelläufer Wevers vorbei und rannte auf das Essener Tor zu. Der Winkel wurde etwas spitz, und Scheffler schoß den herausstürzenden Herkenrath an. Das hätte leicht das 2:0 bedeuten können! Und wer weiß, wie dann die Dinge gelaufen wären...

Ein gut Teil der Zuschauer machte Stimmung für uns, und mit den anderen wurden wir auf unsere Weise fertig.

»Laßt euch bloß von den Blocks mit den rot-weißen Fahnen nicht einschüchtern«, hatten wir vor dem Spiel einander geraten. »Rot und Weiß, das waren ja auch einmal unsere Farben. Bilden wir uns doch einfach ein, sie schwenkten die Fahnen für uns!«

Die Essener gingen jetzt aus ihrer Reserve heraus. Sie mußten ja kommen und machten das ausgezeichnet. Trotzdem fiel das Ausgleichstor überraschend für uns. Der Boß war von rechts quer über das Feld auf halblinke Position gewechselt und ließ von dort einen seiner prächtigen linken Drehschüsse vom Stapel. Soweit ich das beurteilen kann, hätte Hölz den Ball in diesem Fall glatt gehalten. Doch zwischen unseren Deckungsspielern stand, den Rücken zum Tor, Islacker, der Essener Halbrechte. Er stoppte den Ball blitzschnell mit dem rechten Fuß und erzielte mit einem Linksschuß aus der Drehung heraus den Ausgleich. Hölz war machtlos.

1 : 1!

Ich merkte immer deutlicher, daß ich – weiß der Teufel warum – nicht in bester Form war. Wie pudelwohl hatte ich mich in all den Spielen vorher gefühlt!

»Du wirst immer besser, je älter du wirst«, hatten mir meine Freunde Mut gemacht. Ausgerechnet heute nun ließ mich die gute Verfassung der letzten Wochen und Monate im Stich. Die Kameraden hatten ein ausgesprochen feines Gefühl dafür, daß ich nicht so ganz auf Draht war. Und da mir gleich anfangs ein paar Pässe mißlangen, stieg meine Stimmungskurve nicht gerade nach oben. Zudem ließ mir der linke Läufer der Essener, Grewer, ein blutjunger Bursche, kaum Spielraum. Er verstand es ausgezeichnet, meine Kreise zu stören. Hätte ich mich kräftiger und frischer gefühlt, hätte ich vielleicht manchen Zweikampf anders entschieden, hätte mich besser vom Gegner gelöst und unseren Angriff entsprechend in Schwung gebracht. Ja, wenn... dann hätte, hätte, hätte ich!

Bei all meinem Elend mußte ich einmal lachen: Als Jahnel, der rechte Läufer der Rot-Weißen, drei- oder viermal hintereinander abgepfiffen wurde, wandte er sich erbost an den Schiedsrichter:

»Ich weiß gar nicht, Sie pfeifen mich immer ab. Gefällt Ihnen denn mein Gesicht nicht?«

Meißner gab keine Antwort.

✳

Bald schon fiel das zweite Tor für Rot-Weiß Essen. Helmut Rahn, den Boß, den wir alle am meisten fürchteten, hatten wir

Kohli anvertraut, weil ihn der am besten kennt. In der ersten Viertelstunde schaffte Werner es auch, Helmut nicht zum Spiel kommen zu lassen. Doch sobald Kohlmeyers Konzentrationsfähigkeit etwas nachließ, steigerte sich der Boß auch schon in seine phantastische Form hinein, die er bis zum Schluß beibehielt. Für das Spiel seiner Mannschaft war das von ausschlaggebender Bedeutung, auch wenn Rahn selbst nicht als Torschütze in Erscheinung trat.

Ungefähr an der Mittellinie hatte er wieder einmal den Ball erhalten, war drei, vier Meter losgestürmt, als Kohli ihn zu bremsen versuchte. Der Zweikampf spielte sich hart an der Außenlinie ab. Kohlmeyer schlug das Leder dem Boß ans Schienbein, von dort sprang es an Kohlis Bein zurück. Hätte Werner den Ball jetzt nur etwas fester erwischt, wäre das Leder ins Aus gerollt. So kam es dem Boß direkt wieder auf den Fuß – Schicksal! – und Essens Rechtsaußen stürmte ohne Zeitverlust mit Riesensätzen auf unser Tor zu. An der Strafraumgrenze löste sich Horst Eckel von Gottschalk, den er Liebrich überließ, um den Boß zu attackieren. Doch Helmut hatte so viel Fahrt drauf, daß er den Ball leicht an Horst vorbeibrachte und weiterraste. Im vollen Lauf schickte er fast von der Außenlinie aus eine unwahrscheinlich scharfe, halbhohe Flanke knapp vor den Torpfosten...

Wir hatten vor dem Spiel unseren Torhüter gewarnt: »Paß auf, der Boß schießt Tore aus dem unmöglichsten Winkel!«

Dadurch irritiert, wagte Hölz in diesem kritischen Augenblick nicht, sein Gehäuse zu verlassen. Hätte er sich zwei, drei Meter herausgetraut, wäre es ihm sicherlich gelungen, die Gefahr zu bannen. Als er statt dessen auf der Linie zum Hechtsprung ansetzte, war es zu spät – er konnte den Ball mit der Faust nicht mehr erreichen. Der mitgelaufene Halblinke, Röhrig, brauchte im Rückwärtsfallen nur den Kopf hinzuhalten: Wie ein direkter Schuß kam die scharfe Flanke von Helmut Rahn über Röhrigs Kopf ins Tor gebraust.

1:2!

Die Essener lagen sich in den Armen.

Bei uns aber geriet der Laden gründlich durcheinander. Wohl spielte Werner Liebrich in weit besserer Form, als wir das nach dem Training erwarten durften. Trotzdem war er nicht in der Lage, wie sonst zu dirigieren und von hinten heraus mit weiten Pässen aufzubauen. Seine Abschläge blieben kurz. Nach dem Führungstor der Essener schaute Werner zu mir herüber. Sollte er mit nach vorn in den Sturm, wie für solche Fälle in Erwägung gezogen war? Sollte er helfen, den Ausgleich zu erzielen? Ich winkte ab. Die Deckung schien mir im Moment wichtiger. Baßler lieferte eine überragende Verteidigerpartie. Kohli aber hatte es gegen Rahn sehr schwer. Auch Eckel wurde, auf die Dauer gesehen, mit dem zwar gleichgroßen, aber viel kräftigeren Gottschalk nicht recht fertig. Er, dem es in Hamburg so prächtig gelungen war, Uwe Seeler auszuschalten, fand dem immer wieder geschickt auf die Flügel ausweichenden Gottschalk gegenüber nicht die richtige Einstellung. Wenn der Mittelstürmer bei weiten Flankenbällen hochsprang, kam Horst gar nicht an ihn heran, und der Essener köpfte die Bälle taktisch richtig für die nach innen laufenden Außenstürmer Rahn und Termath in die freie Gasse oder zurück zu seinen Halbstürmern.

Trotzdem konnten wir unseren 1:2-Rückstand eine ganze Zeitlang halten. Ja, Wenzel hatte sogar, als er wieder einmal im richtigen Augenblick zur Stelle war, eine reelle Chance zum Ausgleich. Doch Herkenrath stürzte ihm verzweifelt entgegen. Bei dieser Abwehr hatte er sich anscheinend verletzt. Er humpelte und war bis zum Spielschluß so gehandikapt, daß er sich durchwegs darauf beschränken mußte, auf der Linie zu operieren.

Ein Bombenschuß von Rahn, den er sich wie bei seinem die Weltmeisterschaft entscheidenden Tor vom rechten auf den linken Fuß legte, rauschte mit unglaublicher Wucht am linken Pfosten vorbei. Auch Termath kam noch einmal zum Zug, doch schoß er unseren herauslaufenden Torwart nur an; Hölz warf sich dem Ball nach und begrub ihn unter sich.

Als Render Islacker etwas hart anging, blieb Penny prompt auf dem Boden liegen. Ich hörte, wie er sich bei Rahn beschwerte: »Mensch, Boß, der hat mich schön erwischt!«

»Mach nur weiter, Penny«, sagte Rahn, »der Render hat das bestimmt nicht gern getan. Das kann schon mal vorkommen! Du weißt doch, wie das geht.«

Mit dem Rückstand von einem Tor in die Halbzeit zu gehen, das hätte sich zur Not noch verschmerzen lassen. Es sollte uns

nicht beschieden sein. Einer unserer Läufer hatte bei der Abwehr den Ball nicht weit genug nach vorn geschlagen. In Strafraumhöhe standen Mangold und Render bereit, ihn in Empfang zu nehmen, als sich Penny Islacker dazwischenschaltete. Liebrich versuchte, das Leder zu stoppen, war aber aus Angst vor seiner Verletzung Islacker gegenüber zu »weich«. Der Essener zog in energischem Lauf den Ball unter seiner Fußsohle mit in halbrechte Position, stand plötzlich frei vorm Tor und ließ in der Drehung aus zehn, elf Metern einen mordsmäßig scharfen Schuß flach und unhaltbar in die entfernte untere Torecke los. – Das bedeutete: 1:3! In der Verzweiflung hielten wir das Spiel für hoffnungslos verloren. Und nicht nur wir, auch die Zuschauer gaben uns keine Chance mehr. Wir spürten einen deutlichen Knacks, vor allem ich, da ich ohnehin nicht in bester Form war. Sollte die Entscheidung schon gefallen sein? Drehte es sich nur noch darum, wie hoch wir verlieren würden?
Begleitet vom leidenschaftlichen Jubel ihrer siegesgewissen Schlachtenbummler liefen die Essener an rufenden und fahnenschwenkenden Gruppen vorbei in die Kabine.

Die Lage? Ernst, aber nicht hoffnungslos …

Bei uns sah es in den ersten Minuten traurig aus. Ich ging in den Brausenraum, spülte mir den Mund aus und gurgelte ein bißchen, dann fuhr ich mit den nassen Händen ein paarmal durch das Gesicht. Als ich in den Spiegel schaute, sah ich hinter mir plötzlich unseren Vereinsvorsitzenden Werner Krabler.
»Jetzt will ich dir mal was sagen, Werner« – ich drehte mich nach ihm um –, »wir sind ja jedesmal froh und glücklich, wenn wir ins Endspiel kommen, aber wenn ich mir vorstelle, daß wir heuer wieder so mit Pauken und Trompeten untergehen wie im vorigen Jahr gegen Hannover 96, dann pfeif' ich auf das ganze Theater!«
»Ich weiß gar nicht, was du willst«, antworte Krabler. »Noch ist doch nichts verloren!«
»Ein Tor haben wir zuviel reingekriegt«, blieb ich pessimistisch. »Ich hab' einfach das Gefühl, daß uns das 1:3 das Genick gebrochen hat.«

»Ach wo, du sollst sehen, die zwei Tore holt ihr glatt noch auf!«

»Es wäre schön, wenn du recht hättest!« sagte ich.

Im Augenblick drehte sich für uns alles um die Frage: sollten wir in der zweiten Halbzeit weiterspielen wie bisher, also die Betonung auf die Defensive legen, oder sollten wir mit allen Mitteln den Sturm ankurbeln?

Richard Schneider, unser Trainer, war der Ansicht, daß wir zunächst einmal den in den ersten zehn Minuten zu erwartenden Generalangriff der Essener abfangen sollten.

»Die Rot-Weißen werden sich denken: jetzt geben wir ihnen den Rest, machen ein viertes Tor und lassen sie dann, wenn sie schön mürbe sind, kommen. Deshalb bleibt Werner Liebrich am besten hinten«, meinte Richard.

Die ganze Mannschaft war dagegen. Ich auch. Natürlich wußte niemand von uns, welches Konzept sich die Rot-Weißen zurechtgelegt hatten. Unser Plan konnte so oder so falsch sein...

Einer von denen, die sich den Schlamassel am meisten zu Herzen nahmen, war Ottmar. Käseweiß kam er in die Kabine und schüttelte immer nur fassungslos den Kopf. Schon vor dem Spiel hatte er uns allen mit Tränen in den Augen die Hand gedrückt und gesagt:

»Macht's gut!«

Unseren rechten Läufer Render aber hatte er gewarnt:

»Paß auf, Otto, der Islacker steht irgendwo in der Gegend rum, plötzlich ist er da!«

Die Pause ging vorüber.

»Wir lassen den Werner doch nicht hinten, Richard«, entschlossen wir uns in letzter Minute. »Die Zeit ist kostbar, wir müssen sofort stürmen, sonst haut es nicht mehr hin. Drauf mit allem, was noch drin ist! Werner gleich nach vorn in die Mitte! Entweder wir schaffen das Anschlußtor und den Ausgleich, oder wir gehen in Gottes Namen unter!«

»Wir schaffen es!«behauptete Krabler felsenfest.

✻

Unmittelbar nach dem Wiederanpfiff sah es so aus, als sollte unser Trainer recht behalten, denn um ein Haar wäre Essens viertes Tor und damit die endgültige Entscheidung gefallen:

Der Boß bekam auf der Mittellinie plötzlich den Ball und spielte ihn, um Kohli auszuschalten, an Gottschalk ab. Eckel war um einen Schritt zu spät dran. Jetzt kann nur noch ein Steilpaß kommen, fuhr es mir durch den Kopf. Rahn stürmte auch schon los, um ihn aufzunehmen. Allerhöchste Zeit! dachte ich und spurtete von halblinks hinter dem Boß her. Ich hatte richtig kalkuliert. Fünfundzwanzig bis dreißig Meter von unserem Tor bekam Helmut den Ball und steuerte auf die kurze Ecke zu. Ich immer hinterdrein. Obwohl der Boß normalerweise schneller ist als ich, kam ich auf. Er hatte ja den Ball zu führen, außerdem starte ich schneller. Rahn drang in den Strafraum ein, ich folgte ihm auf dem Fuß. Als er zum Schuß ansetzte, war ich mit dem Oberkörper neben ihm. Ohne unfair zu sein, konnte ich ihn etwas aus dem Gleichgewicht bringen und den Ball von seinem schußbereiten Fuß spitzeln. So erwischte er das Leder nicht mehr richtig, es rollte ins Aus.

»Mir ist es ein Rätsel, wie du die dreißig, vierzig Meter mitgehalten hast«, erklärte mir der Boß nach dem Spiel. »Das wäre ein hundertprozentiges Tor geworden!«

Nun, dieser gelungene Spurt gab mir die tröstliche Gewißheit, daß ich doch noch ein bißchen Mumm in den Knochen hatte. Das stärkte meine Lebensgeister. Ich sollte sie im nächsten Augenblick schon nötig haben:

Hölz mißglückte der Abstoß; der Ball kam dem Boß, der sich zwar schon wieder außerhalb des Strafraumes befand, das Gesicht aber unserem Tor zugewandt hatte, vor die Beine. Rahn machte nicht den Fehler, den viele Stürmer machen: nach einem mißglückten Angriff auf das gegnerische Tor einfach davonzulaufen und sich nicht mehr um den Abstoß zu kümmern! So konnte er den Ball blitzschnell abfangen und sofort wieder losstürmen. Gottschalk lief mit ihm. Unsere Abwehr, die mit einem weiten Schlag gerechnet hatte, war nicht gleich im Bilde. In Strafraumhöhe erhielt Gottschalk von Rahn das Leder, aber in sein Abspiel hinein konnte ich gerade noch meine große Zehe hinbringen und den Ball zu dem ein paar Meter entfernt stehenden Läufer Mangold leiten, der ihn dann nach vorn beförderte. Mit einem Male ging ein Ruck durch unsere Mannschaft. Wenn der Friedrich – so nennen sie mich – noch mal munter wurde, war vielleicht doch noch nicht alles verloren! Wir stürmten gefährlich los, zumal wir ja jetzt mit dem weit vorgeschobenen Werner Liebrich fünf Mann im Angriff waren. In der 53. Minute fiel der für uns so wichtige Anschlußtreffer. Liebrich, der halblinks in Ballbesitz kam, hob eine wunderbare, weiche Flanke vor das Essener Tor, Wenzel sprang im Fünfmeterraum am höchsten und drehte Werners Flanke kurz und energisch in die Maschen.

2:3!

Wie zuvor die Rot-Weißen stürmten, weil sie den Sieg bereits in der Tasche zu haben glaubten, kamen nun wir mit dem Mut der Verzweiflung großartig in Schwung. Auch unsere Schlachtenbummler wurden mobil, ebenso der Teil des Publikums, dem nichts wichtiger war, als ein schönes, fesselndes Endspiel zu sehen. Eine Viertelstunde nach dem 2:3 stürmten wir ununterbrochen, die Essener mußten sich auf die Abwehr konzentrieren, waren aber zwischendurch mit ihren blitzschnellen Vorstößen aus der Tiefe heraus äußerst gefährlich.

Der Boß! Immer wieder der Boß!

Beinahe hätte er uns zwanzig Minuten vor Schluß den Wind aus den Segeln genommen, als er in halblinker Position an drei, vier Mann vorbeiging, sie einfach stehenließ und in Strafraumhöhe einen Prachtschuß abfeuerte, den wir alle schon einschlagen sahen. Hölz drehte den Ball mit den Fingerkuppen der linken Hand zur Ecke ab.

Kurz darauf brach Scheffler mit einer Steilvorlage von mir los, doch im entscheidenden Augenblick wurde er von einem Essener Verteidiger etwas unsanft zu Fall gebracht.

Die Rot-Weißen waren wie erschlagen, als Schiedsrichter Meißner auf den Elfmeterpunkt wies. Sie protestierten aber nicht.

Baßler sollte den Elfmeter treten. Er, der sonst einfach anläuft und mit Wucht draufhaut, hatte gegen Viktoria Berlin einen Strafstoß sehr ruhig verwandelt, ihn ganz behutsam mit der Innenseite in die äußerste linke Ecke gesetzt.

Ich hatte den Ball inzwischen in die Hand genommen, und als der Dicke auf mich zukam, sagte ich:

»Hau nicht drauf, sondern schieb ihn hinein wie gegen Berlin. Wenn du ihn einigermaßen plazierst, muß es klappen!«

»Alles klar«, brummte Baßler und schien die Ruhe selbst. Ob er wirklich so ruhig war, weiß ich nicht. Er lief an ...

16

Was einem in solchen Augenblicken alles durch den Kopf geht! Lauter törichtes, dummes Zeug. Beim Training vor dem Berlin-Spiel hatte Kohlmeyer im Tor einen Elfmeter von mir gehalten. Beim Spiel selbst verpatzte ich ein solches Strafgericht. Beim Training vor dem heutigen Endspiel hatte Kohli im Tor einen Elfmeter von Baßler gehalten – mußte ihn der Dicke jetzt, wo es drauf ankam, folgerichtig nicht auch verschießen?

Keine Angst! Der Ball war gut plaziert und für Herkenrath unhaltbar. Im Lattenkreuz sauste er ins Netz, und wir hatten erreicht, was schon unerreichbar schien, den Ausgleich! 3:3!

Ich hab' in den Tagen nach dem Endspiel keine Zeitung in die Hand genommen und einen großen Bogen um jede gedruckte Stellungnahme gemacht. Doch aus den Diskussionen der Kameraden hörte ich, daß man uns den taktischen Fehler vorwarf, Werner Liebrich nach dem Ausgleich zurückgezogen zu haben. Wir hätten doch merken müssen, daß unsere Chance darin lag, mit fünf Mann zu stürmen, zu stürmen und immer nur zu stürmen! Um so mehr, nachdem Islacker angeschlagen und schon ein paarmal vom Platz gegangen war.

Was hatte uns in Wirklichkeit zu dieser mit so wenig Verständnis aufgenommenen Maßnahme veranlaßt?

Als unser drittes Tor gefallen war, liefen Render, Eckel und Mangold wie die anderen zur Gratulation herbei.

»Friedrich, nimm jetzt die nächsten zehn Minuten noch mal den Werner zurück«, baten sie. »Wir sind ein bißchen ausgepumpt und haben Angst, die Essener kommen jetzt gleich wieder gewaltig auf.«

»Hört mal zu, macht kein Theater! Jetzt sind wir dran. Weiter! Weiter.«

So hätte ich vielleicht reagieren müssen; aber ich war im Moment froh, daß wir das Unentschieden geschafft hatten und wollte es nicht darauf ankommen lassen, daß wieder etwas passierte. Horst quälte sich vergeblich damit ab, Gottschalk zu bremsen, und Kohli hatte mit dem Boß seine liebe Not. Es wäre Leichtsinn gewesen, drauflos zu stürmen und die Flaute unserer Hintermannschaft zu ignorieren.

»Spielen wir ruhig so weiter, es geht doch ganz gut!« versuchte ich trotzdem die bisherige Ordnung beizubehalten.

»Nimm den Werner zurück!« beharrten Eckel und Render.
»Werner, frag mal den Richard, was wir machen sollen«, schlug ich Liebrich vor.
Während wir uns auf den Anstoß konzentrierten, winkte er zu Richard Schneider hinaus. Ich sah Werner nicken und nach hinten laufen. Er verteidigte also wieder.
Nun, da wir nicht mehr mit fünf Mann stürmten, konnten die Rot-Weißen eine Schnaufpause einschalten und sich etwas erholen. Die Vermutung, daß es zu einer Verlängerung kommen könnte, lag direkt in der Luft.

Himmelhoch jauchzend – zu Tode betrübt

Etwa sieben Minuten vor Schluß schien sich für uns alles zum Guten zu wenden: Ich hob einen weiten Flankenball aus halbrechter Position in den Torraum. Herkenrath, Wanger und Scheffler sprangen danach – vergeblich. Das Leder senkte sich zu Boden. Wie immer in solchen Fällen war Wenzel zur Stelle und schob im Fallen den Ball aus dem Gewühl heraus über die Torlinie. Der Essener Torwart trommelte verzweifelt mit den Fäusten auf den Rasen. Die Rot-Weißen, das Publikum, wir alle meinten, daß unser viertes, das entscheidende Tor, gefallen sei. Schiedsrichter Meißner war anderer Meinung. Er hatte schon vorher auf das Winken des Linienrichters hin abgepfiffen.
Was war los? Foulspiel? Abseits? Was sonst?
Wir waren uns darüber nicht im klaren. Die Essener atmeten jedenfalls sichtlich auf. Wir nahmen die Entscheidung ohne Widerspruch hin, doch unser Elan hatte einen gewaltigen Dämpfer bekommen. Es handelte sich ja nicht um die Anerkennung irgendeines Tores, sondern um Sieg oder Niederlage im Kampf um die Deutsche Fußballmeisterschaft 1955.
Nicht genug mit dieser bitteren Pille! Um uns aus allen Wolken fallen zu lassen, lief das Glück ein paar Minuten später mit fliegenden Fahnen in das Essener Lager über.
Der Ball kam zu Linksaußen Berni Termath, der nach rechtsaußen gewechselt war. Ich beobachtete die Situation aus halbrechter Position; drei, vier Mann von uns standen abwehrbereit. Es drohte eigentlich gar keine Gefahr. Man merkte es Termath an,

wie sehnsüchtig er nach einem Kameraden Ausschau hielt, zu dem er hätte abspielen können. Plötzlich zog er einen weiten Flankenball gegen die lange Torecke. Als das Leder sich über Baßler, unserem letzten Mann, senkte, stand wie aus dem Boden gewachsen Penny Islacker da. Baßler hob blitzschnell die Hand... Islacker war völlig frei und konnte im Hechtsprung mit einem energischen Kopfball den sich verzweifelt werfenden Hölz schlagen.

Baßler hatte, wie gesagt, sofort die Hand gehoben, um anzudeuten, daß der Torschütze abseits war. Ich schaute nach Linienrichter Burmeister, der seine Fahne nicht gehoben hatte. Schiedsrichter Meißner erkannte den Treffer an. Baßlers Reklamation nützte nichts. Tor!

Sch... dachte ich. – Verzeihung! Aber ich dachte es wirklich. 3:4!

Die Essener lagen sich in den Armen. Der Boß stürmte auf seinen Vereinskameraden Islacker zu, hob ihn auf die Schultern und trug ihn zum Anstoß.

Natürlich konnte ich und konnten wir alle ihre Freude gut verstehen! Brachten sie doch zum erstenmal nach dem Krieg für Westdeutschland die Meisterschaft mit heim. Wir schauten uns maßlos niedergeschlagen an. Da hatten wir aus einer aussichtslos erscheinenden Situation heraus das 3:3 geschafft, und jetzt, fünf Minuten vor Schluß, stand es 4:3 für Rot-Weiß Essen.

Als Spielführer kannst du dir ja schließlich mal eine Anfrage erlauben, überlegte ich, als wir zum Anspiel gingen. Höflich wandte ich mich deshalb an den Schiedsrichter:

»Herr Meißner«, sagte ich, »unseres Erachtens war das ein einwandfreies Abseitstor. Bitte, fragen Sie doch einmal bei Ihrem Kameraden, dem Herrn Burmeister, nach!«

Meißner, der sich über die Bedeutung seiner Entscheidung im klaren sein mußte, ging auch tatsächlich zum Linienrichter hinaus. Doch der verneinte die Abseitsstellung Islackers, und so ließ es Meißner bei der Anerkennung des Tores bewenden.

Jetzt, wo es völlig gleichgültig war, ob wir 3:4 oder 3:5 verlieren würden, gingen Liebrich und Baßler mit nach vorn. Es hätte ja ein Wunder geschehen müssen, wenn wir in den wenigen Minuten noch auf 4:4 herangekommen wären, unversucht aber wollten wir auf jeden Fall nichts lassen.

Wir stürmten mit allen Mann an Bord, und Essen verteidigte mit allen Kräften. Doch wir schafften den Ausgleich nicht mehr. Durch den angeschlagenen Islacker, der einsam und verlassen in halbrechter Position stand und plötzlich in Ballbesitz kam, wäre um ein Haar das fünfte Essener Tor gefallen. Doch das Leder, das er über den herauslaufenden Hölz hob, senkte sich knapp neben dem Pfosten ins Aus.

Während für uns eine Welt zusammenbrach – wir hatten nun 1954 und 1955 das Endspiel verloren –, ertönte in den Schlußpfiff hinein das Jubelgeschrei der Westdeutschen. Mittelpunkt der überglücklichen Rot-Weißen war August Gottschalk. Wie ein Fels in der Brandung stand er da, während sich seine Vereinskameraden an ihn hingen. Dieses Spiel, das letzte seiner erfolgreichen Fußballerlaufbahn, würde er so schnell nicht vergessen!

Ich konnte ihm gut nachfühlen, wie ihm zumute war, ging auf ihn zu und gratulierte ihm und seinen Leuten zur Deutschen Meisterschaft. Der Platz war im Nu überflutet von den Anhängern der Rot-Weißen. Die glücklichen Spieler aber liefen auseinander und durcheinander. Von uns Besiegten wußte niemand so richtig wohin, bis DFB-Spielausschußvorsitzender Körfer über das Mikrophon bat, die beiden Mannschaften möchten sich vor der Tribüne aufstellen. Kohli und Baßler, als Verteidiger die Hauptbeteiligten an dem umstrittenen vierten Tor der Essener, liefen in der Aufregung vom Platz, fanden sich aber wieder ein, als der Präsident des Deutschen Fußballbundes, Dr. Peco Bauwens, dem Sieger die Viktoria überreichte und ein paar würdigende und aufmunternde Worte an uns richtete. Jeder von uns reichte jedem Essener die Hand. Als ich den patschnaß geschwitzten Kopf des Boß an mich zog, waren wir beide sehr bewegt.

»Herzlichen Glückwunsch, Boß«, war das einzige, was ich herausbrachte. Doch er verstand ganz gut, wie ich es meinte: daß ich ihm über das bedrückende Gefühl der Niederlage hinweg den Sieg von ganzem Herzen gönnte...

Der Trainer der Essener, Fritz Szepan, der ja mit Schalke 04 oft genug im Endspiel stand, sagte nur ein Wort: »Fritz...« – doch da lag alles drin. Das ist nun mal so im Fußball, hieß das. Mal oben, mal unten. Und wenn du noch so sehr mit dem Herzen dabei bist, letzten Endes ist es doch nur ein Spiel, das nach Laune des Schicksals mal dieser, mal jener gewinnt…

In unserer Kabine ging es drunter und drüber. Gleich stürmten Fanatiker, Berichterstatter und Rundfunkleute herein.

»Ein Jammer, daß ihr durch ein so unglückseliges viertes Tor verlieren mußtet, nachdem ihr so prächtig aufgeholt habt!«

Vor allem Ottmar, der die Vorgänge wegen seines Gelbsuchtrückfalls als Zuschauer miterlebt hatte, konnte die vielumstrittene Entscheidung einfach nicht fassen.

Was sollte ich den Presse- und Rundfunkleuten, die mich nach meiner Ansicht fragten, in diesem Augenblick antworten? Daß Rot-Weiß Essen in der ersten Halbzeit verdient in Führung gegangen war!

Daß wir hingegen auf Grund der zweiten Halbzeit verdient zum Ausgleich kamen! Zwei Tatsachen, über die es nichts zu diskutieren gab. Mochte das Resultat auch von diesem oder jenem Standpunkt aus zu betrachten sein – die Deutsche Meisterschaft war Rot-Weiß Essen zu gönnen und auf keinen Fall an einen Unwürdigen gefallen. Daß wir sie natürlich gern für uns gehabt hätten, na ja, das kann uns schließlich kein vernünftiger Mensch verdenken.

Abends, beim Bankett mit der offiziellen Siegerehrung, saßen wir begreiflicherweise etwas niedergeschlagen da. Später kam Helmut Rahn zu uns an den Tisch. Er schaute mich an, ich schaute ihn an.

»Freu' du dich ruhig deines Sieges«, sagte ich. »Du hast bestimmt nicht den kleinsten Anteil daran.«

Auch am folgenden Montag, als sich alle Teilnehmer der Weltmeisterschaftsexpedition 1954 im Ratskeller von Hannover trafen, um eine extra gestiftete goldene Ehrennadel des DFB in Empfang zu nehmen, setzte sich der Boß zwischen mich und Werner Liebrich. Es dauerte dann auch keine fünf Minuten, bis er mit seinem Humor wieder den Luftraum beherrschte. Seine Witze und Kalauer lösten bald hellen Jubel unter uns aus. Sogar Herberger, der an einem anderen Tisch saß, zog es zu uns herüber; er wollte sich den Boß in seiner blendenden Stimmung nicht entgehen lassen.

»Sag' mal, Helmut, wann willst du denn eigentlich nach Essen fahren: Euer Zug geht in zehn Minuten«, unterbrach Körfer unseren Spaßmacher.

»Zehn Minuten noch, Boß, das schaffst du nicht mehr!«

»Bei meinem Tempo ist das ein Kinderspiel!«

»Du hast aber Nerven!«

Per Auto raste der Boß zum Bahnhof und erreichte buchstäblich im letzten Augenblick den Zug, der ihn mit seinen Kameraden zum triumphalen Empfang nach Essen brachte.

Freunde behaupten, daß ich nach der herzlichen Begrüßung, die uns trotz der Niederlage in Kaiserslautern zuteil wurde, die beste Rede meines Lebens gehalten hätte. Ob es stimmt, weiß ich nicht. Auf jeden Fall bin ich glücklich, wenn ich das zum Ausdruck bringen konnte, was mir schon lange auf dem Herzen lag: Ich bat die fußballbegeisterte Pfälzerstadt, dem FCK auch dann noch die Treue zu halten, wenn die Kette der Höhepunkte vielleicht in Zukunft einmal abreißen sollte. Am Beispiel von Schalke versuchte ich zu erklären, daß der sportliche Ruf einer Stadt auch dann unantastbar bleibt, wenn das Glück einem traditionellen Fußballverein einmal den Rücken kehrt.

Hatte ich nicht ein Recht zu dieser Bitte? Ich, der in Kaiserslautern das Licht der Welt erblickte, die Schulbank drückte und die ersten Fußballschuhe anzog: Jetzt, wo der Vertrag mit dem FCK, der mein letzter sein sollte, abgelaufen ist, und ich mich schweren Herzens entschloß, doch einen weiteren zu unterschreiben, zieht meine Karriere noch einmal an mir vorbei – eine Karriere, deren Meilensteine unvergeßliche Spiele sind...

ERSTE LORBEEREN

Es begann mit dicken Wurstbroten.

Jahrelang spielte ich mit Begeisterung bei den Schülern und der Jugend des 1. FC Kaiserslautern. Man war mit mir jungem Spritzer zufrieden. Weniger zufrieden war man mit der ersten Mannschaft. Gegen namhafte Vereine – Eintracht und FSV Frankfurt, Kickers Offenbach, Wormatia Worms, Saarbrücken, Pirmasens und andere – spielte sie mit wechselndem Erfolg in der damaligen Gauliga Südwest. 1935 stieg sie ab, 1937 stieg sie auf, und 1938 stieg sie wieder ab.

Schon 1937 hätte man mich gern in die erste Mannschaft gesteckt. Leider war ich erst siebzehn Jahre alt, eine Tatsache, an der ich selbst am wenigsten Schuld trug. Alles wäre halb so schlimm gewesen, wenn mir der Arzt das erforderliche Attest für vorzeitige Spielberechtigung in der »Ersten« gegeben hätte. Jeder, der noch nicht achtzehn Jahre alt war, mußte es vorlegen. Bei mir lehnte der Doktor die Verantwortung rundweg ab – er gab mir das Attest nicht, weil ich ihm zu schwächlich schien.

Die Möglichkeit, mich körperlich stabiler zu machen und mich schneller einsetzen zu können, führte – wie gesagt – über dicke Wurstbrote.

Da es bei uns zu Hause damals mit allem ziemlich knapp herging, gab man mich zu einem Kaiserslauterer Metzgermeister, einem begeisterten Fußballanhänger, in Kost. Mit rührender Liebe päppelte mich die Familie Speyerer hoch. Abgesehen von den reichlichen Fleischportionen am Mittagstisch bekam ich mächtige Wurstbrote eingewickelt, die ich mit in die Stadtsparkasse nahm, wo ich in der Buchhaltung arbeitete.

Die Kur schlug an. Nach einem halben Jahr durfte ich in die erste Mannschaft des FCK hinüberwechseln. Ich schwankte zwischen Stolz und Unsicherheit, als mein Debut bei den Senioren herankam.

Wir Bezirksligisten traten gegen den FC Pforzheim an, der in der Gauliga Baden stand.

»Reg dich nicht auf! Lampenfieber ist großer Quatsch!« sagten mir die Alten vor dem Spiel. Ich riß mich zusammen und war tatsächlich die Ruhe selbst, zumindest nach außen hin.

Das Treffen endete 5:5, und ich gehörte zu den Torschützen. Nach einer Ecke hatte ich als Mittelstürmer den Ball erwischt und ihn volley ins Netz geschossen. Ein schönes Tor! Für mich von unvergleichlicher Bedeutung: es gab mir Selbstvertrauen und Hoffnung für die Zukunft.

Endlose Trainingsstunden hatten sich bezahlt gemacht. Zum erstenmal tauchte mein Name in den Zeitungen auf. Die Kritiken waren gut. »Was er als Jugendspieler versprach, wird er wahrscheinlich in der ersten Mannschaft halten«, schrieben sie. Das war immerhin ein Kompliment.

In der Saison 1938/39 wollte der 1. FCK den Aufstieg auf jeden Fall wieder schaffen. Ich trainierte, trainierte – und nicht umsonst. Wir siegten 7:0 – die sieben Tore schoß ich. Wir siegten 8:0 – die acht Tore waren von mir. Ich brachte es auf mehr als achtzig Treffer. Wir wurden Meister und bestanden auch in den Aufstiegsspielen. Das entscheidende Match gegen Sportfreunde Burbach gewannen wir auf dem Betzenberg 4:0, drei Tore schoß ich hintereinander. Es wirkte sich aus, daß ich mich mit Haut und Haaren dem Training und dem Fußballsport verschrieben hatte.

Ich spielte damals fast durchweg Mittelstürmer, ziemlich vorgeschoben, brach aber, wie heute Ottmar, immer nach links und rechts zu den Flügeln aus. Ich war überall und hatte – das soll kein Eigenlob sein – einen ausgesprochenen Torriecher. »Ein abgeprallter Ball gehört auf jeden Fall Fritz Walter«, schrieb eine Zeitung. Mir jungem Burschen hing der Himmel voller Geigen.

Den Weg nach oben ebnete mir Karl Hohmann, Altinternationaler und Trainer des Gaues Südwest. 1934 bei der Weltmeisterschaft in Italien, als Deutschland Dritter wurde, hatte er entscheidende Tore geschossen. Eines Tages tauchte er in Kaiserslautern auf, unermüdlich auf der Suche nach Talenten. Ich mußte ihm schon beim ersten Übungsspiel gefallen haben, denn am nächsten Tag – das Training sollte um 14 Uhr beginnen – bestellte er mich eine halbe Stunde früher auf den Betzenberg. Er nahm mich mutterseelenallein ins Gebet, ließ mich Bälle stoppen, einen nach dem anderen. Dann hatte ich mich mit dem Rücken zum Tor in Höhe des Strafraumes aufzustellen; er spielte mir von der Mittellinie aus Bälle zu, die ich annehmen und im Drehschuß verwandeln mußte.

Als nach einer halben Stunde die anderen kamen, lief er mit mir quer über den Platz, lobte mich und sagte, daß er mich demnächst nach Frankfurt zu einem Lehrgang des Gaues Südwest einladen würde.

»Ach, das will ich lieber nicht«, wehrte ich erschrocken ab.

»Ja, Menschenskind, wollen Sie denn nicht weiterkommen?« fragte er, entgeistert über meine unvernünftige Ablehnung.

»Darüber hab' ich mir noch keine Gedanken gemacht«, stammelte ich verlegen. Allein nach Frankfurt? Ich wollte wirklich nicht.

»Wer sagt Ihnen denn, daß Sie allein fahren sollen? Vier oder fünf Spieler aus Kaiserslautern, die Sie gut kennen, werden auch noch eingeladen.«

Jetzt schaltete ich blitzschnell. Nicht allein? Dann wollte ich natürlich dabei sein! Bei Rückendeckung war ich zu allem bereit.

»Also halten Sie sich ran«, sagte Hohmann beim Abschied. »Leben Sie entsprechend! Sie haben eine Chance!«

Mit mehr Hemmungen als Unternehmungsgeist fuhr ich zum Lehrgang nach Frankfurt. Wir waren dreißig Spieler, die Hohmann aus Worms, Ludwigshafen, Darmstadt, Wiesbaden und anderen Städten und Dörfern des Gaues Südwesten zusammengerufen hatte. Mein Lampenfieber verflog verhältnismäßig schnell. Bei der Fußballtheorie und -praxis, wie Hohmann sie lehrte, war ich bald mit Herz und Seele dabei.

Im Verlauf des vierzehntägigen Lehrgangs tauchte auch Sepp Herberger auf, damals Reichstrainer. Er beobachtete vom Spielrand aus kritisch, wie wir in zwei Mannschaften gegeneinander spielten. Ich gab als Mittelstürmer mein Bestes. Wir gewannen. Wie? Das hab' ich vergessen. Es ist ja auch nicht so wichtig.

Als wir geduscht hatten, kam Hohmann, nahm mich beim Arm und vertraute mir an:

»Sie haben Herberger sehr gefallen und stehen bereits in seinem Notizbuch. Nur bei Ihnen liegt es jetzt, weiterzukommen.«

Viel später, als Spielführer der Nationalmannschaft, sollte ich persönlich ab und zu Einblick in das ominöse grüne Büchlein bekommen, dessen Umschlag bis auf den heutigen Tag derselbe geblieben ist, und in dem im Lauf der Fußballjahre nur immer die Blätter ausgewechselt wurden. Alle vollgekritzelt mit Namen, zahllosen Entwürfen für Mannschaftsaufstellungen bei Probespielen, Auswahlspielen, Länderspielen! Diese Notizen dokumentieren die Arbeit eines Mannes, der für den populärsten Sport der Welt lebt, für den Fußball, und nur für ihn.

Damals, als blutjunger Lehrgangsteilnehmer, durfte ich natürlich noch keinen Blick in Herbergers »Geheim«aufzeichnungen werfen. Daß ich wirklich in ihnen verewigt war, sah ich im Frühjahr 1939, als mir der Reichstrainer die Einladung für einen Reichslehrgang schickte. Die Nachwuchselite aus allen Gauen wurde einberufen. Ort der Handlung: wiederum Frankfurt.

Nach dem Lehrgang wurde ich bei mehreren Repräsentativspielen aufgestellt. Ein bekannter Sportjournalist schrieb damals enthusiastisch: »Fritz Walter trägt den Marschallstab im Tornister. Er hat beste Aussichten, bald das Nationaltrikot anzuziehen.« Das war natürlich Musik für meine Ohren.

Lange bevor ich in die Nationalmannschaft berufen wurde, kam ich mit einigen Großen des deutschen Fußballs zusammen: Streitle, Kupfer, Kitzinger, Goldbrunner, Lehner, Siemetsreiter und wie sie alle hießen. Sie standen in der Mannschaft des Gaues Bayern, gegen die in Schweinfurt eine Reichsauswahl antrat. In ihr spielte ich ausnahmsweise halbrechts, denn mein stärkster Konkurrent als Mittelstürmer, Baumann, war auf meinem gewohnten Posten aufgestellt worden. Wir siegten 6:5 gegen die alten Hasen aus Bayern – ein Grund mehr für den Reichstrainer, den kleinen Fritz aus Kaiserslautern im Auge zu behalten.

Absender: Herberger

Sonntag für Sonntag – inzwischen war der Krieg ausgebrochen – spielte ich in der Mannschaft des 1. FC Kaiserslautern, der den Aufstieg in die oberste Spielklasse geschafft hatte und seither nie mehr abgestiegen ist.

Dann kam eines Tages ein bedeutungsvoller Brief…

Als ich noch der Jüngste war... Mit neunzehn Jahren spielte ich zum erstenmal in der deutschen Nationalelf: wir traten am 14. Juli 1940 in Frankfurt gegen Rumänien an. Mit Kapitän Paul Janes ging ich nach der Pause wieder auf den Platz. Es stand bereits 4:0 für uns. »Hoffentlich haut die zweite Halbzeit auch so hin wie die erste«, sagte ich zu Paul.

Rein damit – raus damit! Am 6. April 1941 feierten wir in Köln einen großen Triumph: Deutschland schlug Ungarn 7:0. Ich schoß den zweiten Treffer (Bild oben). Ein ungarischer Verteidiger kam zu spät, und Torwart Csikos warf sich vergeblich. Nach Tor Nummer fünf, einem phantastischen Fallrückzieher von Helmut Schön, betätigte ich mich als »Balljunge« (Bild unten). Nur keine Zeit verlieren! lautete die Devise bei diesem Schützenfest.

Sehr von oben herab ... behandelten uns die Schweden am 5. Oktober 1941 in Stockholm: sie schickten uns mit einer 2:4-Niederlage nach Hause. Im Augenblick, in dem der Fotograf von hoher Warte aus dieses Bild aufnahm, hatten die Gastgeber ein Tor erzielt. Im viereckigen Rasunda-Stadion brüllten sich die »kühlen« Nordländer heiser vor Begeisterung.

Das war »Schlitzohrs« dritter Streich. 2:2 stand das Spiel Deutschland –
Schweiz am 18. Oktober 1942 im Berner Wankdorf-Stadion. Die Tore für
uns hatte Ernst Willimowski geschossen. Ihm verdankten wir auch den
dritten (und vierten) Treffer. Nach einer Ecke von Urban köpfte ich das
Leder zu »Schlitzohr«, der es aufnahm und im Drehschuß verwandelte.

30

Zwei vermeidbare Tore. 1948 stand der 1. FCK zum erstenmal in einem
Endspiel um die Deutsche Meisterschaft. Der 1. FC Nürnberg war unser
Gegner. Es hieß 1:0 für den Club, bis Mittelstürmer Pöschl durch Kopfball den zweiten Treffer erzielte (Bild oben). Hölz hatte überflüssigerweise
seinen Kasten verlassen. Unser einziges Tor verdankten wir dem Nürnberger Übelein, der einen Scharfschuß von Ottmar abfälschte (unten).

*David und Goliath. Um Haupteslänge überragte mich Spielführer Mier-
zowski von Preußen Münster, als wir uns beim Finale 1951 im Berliner
Olympia-Stadion begrüßten. »Hast du dir den Zahn, daß wir Meister werden, immer noch nicht ziehen lassen?« fragte Werner Liebrich, als wir
beim Stand von 0 : 0 nach einer schwachen Leistung in die Halbzeit gingen.*

Das alles entscheidende Tor. Preußen Münster war nach der Pause in Führung gegangen, wir hatten ausgeglichen, 1:1! In der 72. Minute trat ich eine Ecke von links. Der Ball kam zu Ottmar (Bild oben), der einen mächtigen Satz machte und uns mit Kopfstoß an Mierzowski vorbei in Führung brachte. Sekunden später stürzte sich Eckel (Nr. 7) jubelnd auf den Torschützen (unten). Ottmars Treffer sicherte uns die Meisterschaft.

Die Sensation von Wien. Nach Meinung österreichischer Experten war das Länderspiel vom 23. September 1951 ein »g'mahtes Wieserl«. Aber die favorisierten Wiener kamen nicht zum Zug, und bald nach der Halbzeit vollzog sich ihr Geschick: Torwart Musil verpaßte einen Eckball, Morlock (rechts vom Pfosten) sprang hoch und sicherte uns die Führung.

Tureks Fäuste verhüteten manches Unheil. In Wien ließ er sich sehr zum Kummer der immer nervöser werdenden Österreicher durch nichts aus der Ruhe bringen. Mit Unterstützung unserer prächtig funktionierenden Hintermannschaft – auf dem Bild Streitle und Schanko – war er an diesem Tag einfach unschlagbar. Im Prater-Stadion blieben wir ohne Gegentor.

»Hör mal zu, Fiffi«, sagte Bundestrainer Sepp Herberger zu unserem Rechtsaußen Gerritzen und gab ihm am Spielfeldrand ein paar Verhaltungsmaßregeln. In Wien hatten unsere Außenstürmer Gerritzen und Barufka die gegnerischen Außenstürmer zu bewachen – eine der geschickten Regie-Anweisungen Herbergers, die zum Erfolg führten. Wir siegten 2:0.

Aller guten Dinge sind drei. Obwohl die deutsche Elf taktisch richtig defensiv spielte, tauchte unser Sturm immer wieder gefährlich vor dem öster-
reichischen Tor auf. Einmal erzwangen wir hintereinander drei Ecken. Die
erste (Bild oben) hätte durch Kopfball von Happel beinahe zu einem Eigentor geführt. Den zweiten Eckball wehrte Musil (Bild unten) unsicher
zu einer dritten Ecke ab, die Gerritzen aber hinter das Tor schoß.

*Noch ahnten wir nichts... Am Tag vor dem Länderspiel gegen Frankreich,
das am 5. Oktober 1952 stattfand, besichtigten wir das Pariser Stade de
Colombes. Bundestrainer Herberger (links) und wir alle waren trotz der
Gewißheit, daß uns ein schwerer Kampf bevorstehen würde, guter Dinge.
Was aber nach der Begrüßung mit Spielführer Roger Marche kam (Bild
unten), waren neunzig rabenschwarze Minuten für uns.*

Es wollte und wollte nicht klappen! Der französische Torwart Ruminski, der hier faustend einen unserer spärlichen Angriffe unterbindet, brauchte bei diesem Spiel keine schwere Arbeit zu leisten. An den Fingern einer Hand konnte man sich abzählen, wie oft wir ihn ernstlich in Verlegenheit brachten. Da hatte Toni Turek ein ganz anderes Pensum zu leisten...

39

Der Anfang vom Ende – hier in Zeitlupe: Ujlaki schoß, der Ball prallte von
Retter ab (ganz oben). Nachschuß! Es wurde ein harmloser Roller. Harmlos? Wientjes am Boden versperrte Turek den Weg (oben), und die verzweifelte Hilfsaktion von Retter und Borkenhagen kam zu spät (Bild
rechts). Langsam rollte das Leder über die Linie – Frankreich führte 1:0.

41

Das hatte uns gerade noch gefehlt! Bald nachdem Ottmar der 1:1-Ausgleich geglückt war, mußte er ausscheiden. Neben Eckel, den Herberger zwar mitgenommen, in diesem schweren Spiel aber nicht eingesetzt hatte, verfolgte er von der Ersatzbank aus den ungleichen Kampf. Es war für ihn kein Vergnügen, unsere unabwendbare 1:3-Niederlage mitanzusehen.

Ich war wie jeden Morgen zur Arbeit in die Stadtsparkasse gegangen. Den Briefträger konnte ich daheim nicht abwarten. Hatte er Post für mich, steckte sie meine Mutter normalerweise vor die Glasscheibe des Küchenschranks, wo ich sie dann mittags fand. Den Brief, den der Postbote an jenem Tag brachte, drehte sie, da sie die Fußballsehnsüchte ihres Sohnes kannte, unschlüssig in den Händen. Absender Herberger? Das mußte etwas ungeheuer Wichtiges sein! Kurz entschlossen band sie die Küchenschürze ab und rannte zur Stadtsparkasse. Ich sah sie sofort, als sie durch die Drehtür kam, den Brief in der Hand.

»Mach ihn doch auf!« drängte die Mutter. Mit rotem Kopf und fürchterlichem Herzklopfen weigerte ich mich standhaft.

»Jetzt nicht, den muß ich in aller Ruhe lesen. Heut' mittag, wenn ich heimkomm', sag' ich dir schon, was drinsteht.«

Ich nahm den Brief und verzog mich auf das stillste Örtchen im Haus. Mit zitternden Händen riß ich den Umschlag auf.

Machten sich jetzt die ungezählten Trainingsstunden bezahlt? War ich kurz vor dem höchsten Ziel?

Der Reichstrainer schrieb mir, daß am 14. Juli 1940 in Frankfurt das Länderspiel gegen Rumänien stattfinden würde und ich mit in die erste Auswahl einbezogen sei. Ich sollte mich entsprechend vorbereiten, trainieren und meinen ganzen Lebenswandel darauf einstellen.

Keine Sorge! An Training ließ ich es nicht fehlen, und mein »Lebenswandel« war mehr als harmlos.

Und dann stand in dem Brief noch ein Nachsatz: »Fußball wird nicht nur auf dem Boden gespielt.«Ich wußte sofort, was Herberger meinte: Beim Reichslehrgang war ich bei einem Kopfballduell mit dem Gegner so unglücklich zusammengeprallt, daß ich mir eine Platzwunde über dem Auge zuzog. Von diesem Augenblick an hatte ich für Kopfbälle nicht mehr allzuviel übrig.

»Was meinen Sie, was los ist, wenn Sie einmal gegen Italiener oder gegen Spanier spielen müssen, die alle perfekte Kopfballspezialisten sind? Sie werden den Ball nicht zu sehen bekommen!« hatte Herberger damals gesagt. Deshalb also der mahnende Hinweis.

Ich steckte den Brief in die Tasche und verließ mein stilles Örtchen. »Was ist denn los, Fritz?« bestürmten mich die Kollegen, unter denen viele Fußballanhänger waren.

»Kinder, laßt mich bloß in Frieden! Ich kann euch beim besten Willen noch nichts sagen. Wenn in Erfüllung geht, was dieser Brief verspricht, dann ist alles gut, dann interessiert mich nichts anderes mehr. Ihr erfahrt es früh genug!«

Ich spuckte bewußt keine großen Bogen, denn ich wußte, daß von Herberger immer fünfundzwanzig bis dreißig Mann benachrichtigt wurden. Jeder einzelne von ihnen lebte wochenlang spartanisch, verzichtete auf vieles, um am Ende – doch nicht bei den elf Auserwählten zu sein. Konnte es mir nicht auch so ergehen? Vorsichtshalber hielt ich also den Mund.

Kurze Zeit später kam von der Geschäftsstelle des DFB die offizielle Mitteilung, daß ich für das Rumänien-Spiel in Aussicht genommen sei.

✳

Neunzehn Jahre alt, schüchtern, unsicher, machte ich mich zwei Tage vor dem Spiel auf den Weg nach Frankfurt. Vor dem Hotel »Excelsior« setzte ich mein Köfferchen ab und holte erst einmal tief Luft. Dummes Gefühl, als Neuling irgendwo so reinzuschneien! Ich Grünschnabel unter Kanonen wie Janes, Kupfer, Kitzinger, Hahnemann! Was würden sie sagen? Wie würden sie mich empfangen?

Ich nahm einen Anlauf und betrat das Hotel. Beim Portier fragte ich nach Reichstrainer Herberger. Er kam, als er von meiner Ankunft erfuhr, sofort in die Halle und sagte mir meine Zimmernummer.

»Jetzt gehen Sie erst mal nach oben und machen sich frisch! Dann kommen Sie in den Frühstückssaal! Wir sind gerade beim Kaffeetrinken.«

Als ich mich eine Viertelstunde später bei den anderen einfand, war der Kontakt sofort hergestellt. In der deutschen Nationalmannschaft gab es und gibt es auch heute noch keine Stars. Jeder benimmt sich so, wie sich's gehört.

Das Zimmer teilte ich mit Anderl Kupfer, der mich gleich unter seine Fittiche nahm. An Bekannten aus den Lehrgängen war nur Baumann da – wie ich Anwärter auf den Mittelstürmerposten.

Am Samstag wurde trainiert. Der Sturm spielte gegen die Hintermannschaft. Einmal war ich Mittelstürmer, einmal war es Baumann. Herberger beobachtete uns scharf und war sichtlich in Nöten: wen sollte er nehmen: So, wie er ein gutes Jahrzehnt später mich als Spielführer der Nationalelf oft um meine Meinung fragte, wandte er sich damals an Mannschaftskapitän Paul Janes, dann auch an unser Weltklasse-Läuferpaar Kupfer-Kitzinger.

Erst am Sonntagmorgen fielen die Würfel. Als ich mein Zimmer verließ, um zum Frühstück hinunterzugehen, sprang mir Karl Hohmann die Treppe herauf entgegen.

»Fritz, Sie spielen!« rief er atemlos und nahm mich um den Hals. Diese Entscheidung erfüllte auch ihn, meinen Entdecker, mit Stolz.

Nach dem Mittagessen – vor Aufregung schmeckte es mir nicht – verteilte Herberger in seinem Zimmer die Nationaltrikots, an die Neulinge mit Handschlag. Mir war feierlich und beklommen zumute. Dann kam die Bettruhe, eine selbstverständliche Einrichtung für Routiniers, eine martervolle Erfindung für aufgeregte Anfänger.

»Alles halb so schlimm!«Anderl Kupfer sprach mir Mut zu, als er merkte, daß ich mich unruhig auf meinem Bett wälzte. Endlich war es soweit. Herberger klopfte und sagte:

»Männer, macht euch fertig! In einer Viertelstunde ist Abfahrt.«

Hoffentlich jubeln sie nachher auch noch, dachte ich, als die zum Stadion wandernden Menschenmassen unserem Omnibus zuwinkten. Was dann an diesem 14. Juli 1940 kam, war für mich wie ein Traum: Fertigmachen in einer großen Turnhalle! Einlaufen ins Spielfeld! Als die Nationalhymnen erklangen, überlief mich eine Gänsehaut. Es geht mir heute noch so, wenn ich für Deutschland Fußball spiele.

Janes tauschte mit dem rumänischen Spielführer den Wimpel. Platzwahl! Dann war auf einmal wieder die Wirklichkeit da, der Traum verschwunden: der italienische Schiedsrichter Scorzoni hatte angepfiffen.

Mit Hahnemann zu meiner Rechten verstand ich mich sofort ganz ausgezeichnet. Unser Spiel lief vorzüglich. Es schien, als sollte sich Herbergers Mischung Alt-Jung, die in den Vorschauen der Zeitungen und beim Publikum mit eher zwiespältigen Gefühlen aufgenommen worden war, nun doch noch bewähren. Bereits nach fünf Minuten riskierte ich einen ersten Absatztrick – er gelang. Ich rochierte nach links und nach rechts. Wider eigenes Erwarten war ich sofort ganz in meinem Element. Nach einer Viertelstunde etwa gab ich eine präzise Vorlage. Hahnemann verwandelte sie zum 1:0. Ich war perplex, gerührt und stolz zugleich, als man nicht nur ihm, dem Torschützen, gratulierte, sondern auch mir, der ich die Vorarbeit geleistet hatte. Kupfer, Kitzinger und noch ein paar liefen auf mich zu und klopften mir anerkennend auf die Schulter.

»Stift«, sagte Hahnemann, »das hast du großartig gemacht!«

Was wollte ich mehr? Natürlich – einen Wunsch hatte ich schon noch: in meinem ersten Länderspiel mein erstes Länderspieltor zu schießen! Ich kämpfte »mit der Ruhe und Kaltblütigkeit eines Altinternationalen«, schrieben später die Zeitungen. Gelassen wartete ich auf meine Chance...

Sie kam kurz vor der Halbzeit. Rechtsaußen Plener gab eine Flanke nach innen. In halbrechter Position erreichte ich den Ball und lenkte ihn mit dem Kopf blitzschnell in die äußerste Torecke. Ausgerechnet mit dem Kopf! Herbergers speziell auf mich gemünzte Mahnung: »Fußball wird nicht nur auf dem Boden gespielt!« hatte ich nicht in den Wind geschlagen. Mit 4:0 gingen wir beruhigt in die Kabine.

Alle sprachen mir, dem Benjamin, ihre Anerkennung aus.

»Spielen Sie so weiter, Fritz!« lobte mich der Reichstrainer, »nur keine Hemmungen!«

»Hoffentlich haut die zweite Halbzeit genauso hin wie die erste!« sagte ich zu Spielführer Paul Janes, an dessen Seite ich wieder auf den Rasen ging.

»Warum nicht?« fragte er. »Wir brauchen ja bloß so zu spielen wie bisher!«

Doch ganz ohne Schönheitsfehler ging es nicht ab: die Rumänen erhielten zwei Elfmeter zugesprochen, die unhaltbar verwandelt wurden. Durch einen Fernschuß erzielten sie ihr drittes Tor.

Trotzdem war unsere Mannschaftsleistung während der zweiten fünfundvierzig Minuten vorbildlich. Der Ball lief wie am Schnürchen von Mann zu Mann, ganz so, als ob wir schon immer zusammengespielt hätten. Ich hatte das Glück, noch zwei weitere Tore zu schießen. Einmal erlief ich mir die verunglückte Rückgabe eines Verteidigers. Der Torwart sauste heraus, der Kasten war leer – ich konnte nicht gut danebenschießen. Das andere Mal erreichte ich eine Flanke in aussichtsreicher Position. Ich hob den Ball über den auf mich zustürzenden Torhüter. Das Leder sprang an die Latte. Pech? Macht nichts! Im Weiterlaufen erwischte ich den zurückprallenden Ball mit der Stirn und lenkte ihn ins Netz.

Kopfballtor Nummer 2!

Länderspieltor Nummer 3!

9 : 3 stand die Partie. Und so blieb es bis zur 89. Minute. Im Stadion herrschte dank dem Torsegen Bombenstimmung.

In Fahrt, wie ich einmal war, hätte ich nichts dagegen gehabt, gleich vier Länderspieltore auf meinem Konto zu verbuchen. Und siehe da: in der letzten Minute schien sich tatsächlich Chance Nummer 4 zu bieten. Eine Flanke von links nahm ich direkt auf und schmetterte den Ball mit einem Bombenschuß ins Netz.

Vielleicht das schönste Tor des Tages! Unhaltbar! Ich freute mich wie ein Schneekönig.

10 : 3? Leider nein! Plener war auf rechtsaußen mitgelaufen, zu weit mitgelaufen – abseits! Mein effektvollstes Tor war keines!

Als der Schlußpfiff ertönte, stürmten vor allem die jugendlichen Zuschauer auf den Platz. Die Begeisterung war enorm.

Ich konnte für den Anfang zufrieden sein. In der Kabine gratulierte Herberger jedem einzelnen Spieler, vor allem natürlich uns Neulingen. Er war glücklich, daß sein Rezept »Alte Hasen mit jungem Gemüse« solchen Anklang gefunden hatte.

»Ihr dürft alle wiederkommen!« versprach er uns Länderspieldebütanten. Ich war viel zu glücklich, um die richtigen Dankesworte zu finden, und nickte nur stumm.

Im Hotel hatte man für uns die Kaffeetafel gedeckt. Obwohl es damals Kuchen nur mehr auf Marken gab, war alles noch reichlich vorhanden. Meine Ration jedoch blieb unberührt. Ich brachte vor Aufregung keinen Bissen hinunter und ließ es bei einer Tasse Kaffee bewenden.

»Hast du gesehen, Fritz? Alles war halb so schlimm«, sagte Anderl Kupfer, als wir uns auf dem Zimmer für das nach Länderspielen traditionelle Bankett zurechtmachten. Anderl rasierte sich. Bei mir war es noch nicht so weit her mit dem Bart.

Wie viele Bankette hab' ich inzwischen hinter mir!

Beim ersten meines Lebens – ganze neunzehn Jahre war ich alt

– staunte ich noch über jede Kleinigkeit: die prächtig gedeckte Tafel, die geschliffenen Gläser, die so überaus dienststeifrigen Ober. Sie, liebe Leser, werden lachen – sogar die bei solchen Anlässen unvermeidlichen Reden habe ich andächtig in mich aufgenommen...

In der Nacht nach meinem ersten Länderspiel hab' ich tief und fest geschlafen.

»Mein lieber Freund, du warst aber blitzartig weg«, lachte Anderl Kupfer am nächsten Morgen. »Ich hätte so gern noch ein bißchen mit dir gequasselt.«

Zu Hause waren meine vier Geschwister vollzählig versammelt, um mich mit Blumen zu begrüßen. Auch Freunde und Kollegen sparten nicht mit Anerkennung.

»Du wirst in Frankfurt zwei Länderspiele machen«, hatte vor meiner Abfahrt ein Bekannter gesagt.

»Wieso zwei?«

»Dein erstes und dein letztes!«

Die Zeitungskritiken sollten ihn eines Besseren belehren. »Neuer Mittelstürmer entdeckt«, schrieben sie, »Nachfolger für Edmund Conen« und andere verheißungsvolle Schlagzeilen. Ich ließ mir die Komplimente nicht in den Kopf steigen. Keiner wußte besser als ich, wie hart ich noch an mir arbeiten mußte. Auch Herberger hatte nach dem verhältnismäßig leichten Sieg über Rumänien gewarnt:

»Mit einem Spiel ist es nicht getan! Es werden andere und schwerere folgen. Trainieren Sie eisern!« riet er mir. »Leben Sie nach sportlichen Grundsätzen, dann werden wir uns bald wiedersehen.«

Morgens Betzenberg – abends Betzenberg

Wir sahen uns bald wieder: in Homburg spielten die Auswahlmannschaften von Südwest gegen Württemberg. Herberger saß auf der Tribüne.

Wollte er damals herausfinden, wer für die Nationalelf als Mittelstürmer vorzuziehen sei – Walter von Südwest oder Conen von Württemberg? Nach dem Spiel – wir siegten 5:3 – fuhr ich mit dem Reichstrainer, der über Kaiserslautern nach Mannheim reiste, zurück. Im Speisewagen saßen wir uns bei einer Tasse Kaffee gegenüber.

»Für mich gibt es die Frage ›Conen oder Walter?‹ nicht«, sagte er. »Ich brauche euch alle zwei! Ihr ergänzt euch in Schnelligkeit, Technik und Kombinationsspiel so harmonisch, daß ihr ein ideales Gespann abgebt!«

Das, meine lieben Freunde, hört sich alles so selbstverständlich an. Aber man wird kein guter Fußballspieler, wenn man nicht zäh und unermüdlich an sich arbeitet.

Jeden Morgen vor dem Dienst in der Stadtsparkasse Kaiserslautern fuhr ich mit dem Rad hinauf zum Betzenberg, stieg über den Zaun und trainierte mutterseelenallein eine halbe Stunde lang. Nach Feierabend radelte ich schon wieder ins Stadion. Und das tagaus, tagein!

Beim nächsten Länderspiel war ich wieder dabei! In Leipzig traten wir am 1. September 1940 gegen Finnland an. Ich stand abermals in der Sturmmitte, Edmund Conen stürmte halblinks, Hahnemann halbrechts.

Wir siegten haushoch überlegen mit 13:0. Der Gegner machte uns keine Schwierigkeiten. Zwölf Tore schoß allein der Innensturm, Hahnemann sechs, Conen vier. Da ich nicht auf vorgeschobenem Posten spielte, wie eigentlich geplant, war ich am Torsegen nur mit zwei Treffern beteiligt. Dafür aber servierte ich meinen Nebenspielern Vorlagen, mit denen sie etwas anfangen konnten. Siehe Resultat!

13:0! Kann man mehr verlangen?

Man kann!

Herberger war nicht zufrieden.

»Ihr hättet noch viel mehr Tore schießen können«, kritisierte er, »Möglichkeiten waren genug vorhanden! Wenn ihr es mit einem erstklassigen Gegner zu tun habt, kommt es auf die Verwertung jeder Chance an!«

ZWEIMAL GEGEN UNGARN

Einem erstklassigen Gegner sollten wir am 6. Oktober 1940 gegenüberstehen. Ungarn!

Noch nie seit 1909, dem Beginn der deutsch-ungarischen Länderspielbeziehungen, hatten wir in Budapest gewonnen. Würde es uns diesmal gelingen, die letzte 1:5-Niederlage wettzumachen: Herberger disponierte besonders sorgfältig, und bot folgende Mannschaft auf: *Klodt; Janes, Moog; Kupfer, Goldbrunner, Kitzinger; Lehner, Hahnemann, Walter, Conen, Pesser.*

Die erste Auslandsreise meines Lebens lag vor mir. Wie hatte der Reichstrainer beim Lehrgang in Frankfurt zu uns gesagt: »Und wenn ihr auch auf vieles verzichten müßt, was für andere junge Leute das Leben erst lebenswert erscheinen läßt – eine einzige Auslandsreise mit der Nationalelf macht das alles tausendfach wett.«

Voll Erwartung fuhr ich zum vereinbarten Treffpunkt, nach Wien. Gemeinsam setzten wir die Reise nach der ungarischen Metropole fort.

Budapest hat einen überwältigenden Eindruck auf mich gemacht. Doch der Glanz der Stadt, die nächtliche Lichterflut – all das war vergessen, als wir am Sonntag im Omnibus zum Ferenczvaros-Stadion fuhren. Ich sah bei meinen Kameraden nur ernste Gesichter. Jeder von uns wußte, was es hieß, gegen die Ungarn – damals schon Weltklasse – anzutreten.

Im Sturm der Magyaren stand Dr. Sarosi, ein Vollblutfußballer, wie es sie nur alle Jubeljahre gibt. In ihm begegnete ich zum erstenmal einem ausländischen Spieler von Weltformat. Er führt die Liste glanzvoller Namen an, die mich durch meine Fußballkarriere bis heute begleiteten.

»Kopf hoch!«pulverte uns Spielführer Janes in der Kabine auf. Er wußte, daß ohne Selbstvertrauen kein Spiel zu gewinnen ist.

Aller guten Dinge sind drei, redete ich mir ein – die zwei Länderspiele, in denen ich dabei war, hatten wir gewonnen. Warum sollte es ausgerechnet beim dritten schiefgehen?

Mit Herzklopfen liefen wir neben den Ungarn auf das Spielfeld... Signore Dattilo, der italienische Schiedsrichter, begrüßte die beiden Spielführer. Platzwahl – wir gewannen. Endlich ging es los!

Seither sind fünfzehn Jahre vergangen. Natürlich kann ich mich, obwohl ich ein ausgesprochenes »Fußballgedächtnis« besitze, nicht mehr an jeden einzelnen Spielzug erinnern. Wie die Tore aber fielen, weiß ich noch, unsere, die gegnerischen und eines, auf das ich nachher etwas näher eingehen muß.

Dattilo hatte also angepfiffen. Das Spiel war sehr schnell, laufend wechselten die Situationen. Über zwei, drei, vier Mann lief der Ball in unserem Sturm – die Ungarn wehrten ab. Im nächsten Augenblick schon stand unsere Hintermannschaft wieder im Brennpunkt des Geschehens. Janes dirigierte meisterhaft; er und seine Nebenleute wehrten souverän alle ungarischen Vorstöße ab. Gleichmäßig waren die Torchancen verteilt – eine der unseren versiebte ich. Haarscharf strich mein Schuß am Pfosten vorbei. In einem solchen Augenblick könnte man nervös werden ... wenn die Kameraden nicht wären! Keiner schimpfte, im Gegenteil: Sie trösteten mich. Tore gegen Ungarn hingen nun mal hoch!

Schnell war das Lampenfieber, das wir vor diesem Spiel hatten, verflogen. Wir fühlten uns nicht unterlegen. Lange Zeit lag die Initiative eindeutig auf unserer Seite, und die Ungarn mußten mit aller Kraft verteidigen. In der 20. Minute etwa spielten sich Conen und Lehner durch, der Ball wanderte zwischen ihnen hin und her. Lehner drang in den Strafraum ein, und Sekunden später... rannte ich schon glückstrahlend auf unseren Rechtsaußen zu: er hatte mit unhaltbarem Schuß die Führung erzielt! 1:0!

Was ein Tor doch ausmacht! Wir kamen immer besser ins Spiel, die Überlegenheit der deutschen Elf war unverkennbar. Nebenbei bemerkte ich, daß auf den Rängen der Teufel los war. Mit echt ungarischem Temperament feuerten die Zuschauer ihre Mannschaft an. Und doch lag der Ausgleich nicht so nahe wie ein zweites deutsches Tor. Hätte man wenigstens meinen können! Mitten in unsere Drangperiode kam wie der Blitz aus heiterem Himmel der Ausgleich. Ein tolles Kopfballtor! Klodt war machtlos.

1 : 1!

Bis zum Halbzeitpfiff änderte sich nichts mehr am Resultat. Zufrieden mit dem Unentschieden gingen wir in die Kabine. Das Milieu war mir jetzt bereits vertraut: es gab Erfrischungen, Ermahnungen, Aufmunterungen. Jeder von uns wußte, daß in diesem Spiel noch alles möglich war. Alles ... nur eine 1 : 5-Niederlage, wie sie die deutsche Nationalelf ein Jahr vorher erlitten hatte, schien uns unwahrscheinlich.

Nach dem Wiederanpfiff gingen die Ungarn aufs Ganze. Mit frenetischem Lärm forderten die Zuschauer das Führungstor. Dr. Sarosi brillierte durch technische Kabinettstückchen. Wie ein Wirbelsturm tauchte er mit seinen Nebenleuten immer wieder in unserem Strafraum auf, während wir Stürmer vorne bang verfolgten, wie die Hintermannschaft mit den Magyaren fertig wurde. Die Verteidiger Janes und Moog standen eisern; »Lutte« Goldbrunner, unser Mittelläufer, und Kupfer-Kitzinger klärten immer wieder. Ihr Können und ein bißchen Glück, das nun mal zum Fußballspiel gehört, bewahrte uns in dieser Periode vor dem Schlimmsten.

Und dann ging's den Ungarn wie uns in der ersten Halbzeit: die eigene Mannschaft stürmte – der Gegner schoß ein Tor! Hahnemann war nach einer Ungarnattacke in Ballbesitz gekommen, lief noch ein paar Schritte, Schuß – und es hieß 2 : 1 für Deutschland.

2 : 1! Aber noch hatten wir eine gute halbe Stunde zu spielen! Offensiven wechselten mit Gegenoffensiven. Wir kämpften mit dem Elan, den uns der erneute Führungstreffer verliehen hatte. Die Ungarn stürmten mit dem Mut der Verzweiflung, um den Ausgleich zu erzielen. Sollten sie wirklich zum erstenmal auf eigenem Boden gegen Deutschland verlieren: Eine Viertelstunde lang hatten wir unseren Vorsprung schon gehalten. Mein drittes Länderspiel – wieder ein Sieg?

Knapp zwanzig Minuten vor Schluß gelang dem Gegner der Ausgleich. Das Tor war klar herausgespielt, elegant, geschickt und prächtig geschossen. Gegen solche Treffer ist kein Kraut gewachsen, und sie tun auch am wenigsten weh.

2 : 2 hieß es also, und beide Parteien holten zum letzten Schlag aus. Wieder wechselten die Chancen, und dann kam ein dramatischer Augenblick, an den ich mich noch haargenau erinnere:

Über unsere Hintermannschaft hatte Hahnemann den Ball erhalten. Er dribbelte kurz und schickte dann Rechtsaußen Lehner mit einem eleganten Querpaß auf die Reise. Unnachahmlich, wie nur er es konnte, raste Lehner die Linie entlang, dann kam schon die Flanke vor das ungarische Tor. Hahnemann war mitgelaufen und nahm den Ball volley. Ein Prachtschuß! Der ungarische Torhüter Bolidzar konnte das Leder mit Mühe und viel Glück abklatschen, Linksaußen Pesser erwischte es. Vor seinem Schuß gab es nur Kapitulation.

3:2 für Deutschland!

Schiedsrichter Dattilo pfiff und zeigte unmißverständlich zur Mitte. Die halbe deutsche Mannschaft stürmte auf den Torschützen Pesser, auf Lehner und Hahnemann zu und gratulierte freudestrahlend zu dieser prächtigen Gemeinschaftsleistung. Zwischen Händedrücken und Auf-die-Schulter-Klopfen liefen wir zurück und warteten auf den Anstoß der Ungarn...

Wir warteten vergeblich! Was war los?

Die Ungarn hatten den Schiedsrichter in die Mitte genommen und bestürmten ihn, die Anerkennung unseres dritten Tores rückgängig zu machen. Dattilo versuchte wiederholt, aus dem Kreis, den die Magyaren um ihn gebildet hatten, auszubrechen. Vergeblich! Sie ließen ihn nicht los und deckten ihn mit einem Trommelfeuer wilder Proteste ein.

Wir verstanden natürlich von all dem kein Wort. (Jupp Posipal, unser ungarischer Dolmetscher bei der Weltmeisterschaft in der Schweiz, hatte damals gerade erst seinen Kinderroller in die Ecke gestellt und war noch nicht von der Partie.) Trotzdem wußten wir, worum es ging. Einer der beiden Linienrichter – ein Ungar! – hatte nach dem Torschuß von Pesser die Fahne gehoben. Er wollte ein Abseits gesehen haben. Hatte der Unparteiische nicht auf seinen Linienrichter geachtet? Oder war er wie wir überzeugt, daß dieses Tor regulär erzielt wurde?

Nach langem Palaver entkam Dattilo der Belagerung und marschierte auf die Mittellinie zu. Anstoß.

Da kannten wir das ungarische Temperament aber schlecht. Die halbe gegnerische Mannschaft stürzte auf den Linienrichter zu. Im Eifer des Gefechts zogen sie ihn fast aus, während sie ihn zum Schiedsrichter schleiften. Die leidenschaftlichen Diskussionen gingen weiter.

Die deutschen Spieler standen unterdessen immer noch regungslos auf ihren Plätzen. Kapitän Paul Janes rührte sich nicht vom Fleck und verzichtete darum, in die Debatte einzugreifen. Das Ende vom Lied?

Herr Dattilo ließ sich breitschlagen und nahm das Tor zurück! Es blieb beim 2:2!

2:2 hieß es auch noch beim Schlußpfiff, obwohl beide Mannschaften mit vollem Einsatz gekämpft und das Tempo durchgehalten hatten.

Das Unentschieden war für die deutsche Elf zweifellos ein Erfolg. Ein Sieg wäre mehr gewesen. Durch den wankelmütigen Schiedsrichter war er uns aus der Hand geschlagen worden.

In der Kabine lösten sich Ruhe und Beherrschung in aufgeregte Debatten auf. Es schwirrte nur so in der Luft von »Hätten wir doch...«, »Wären wir doch...«. Na ja, zu ändern war nun nichts mehr.

Gab es nicht eine Parallele zu dem für uns so unerfreulichen Vorfall? Standen unsere Spiele gegen Ungarn unter einem unglücklichen Stern? Ich mußte an die Begegnung im Berliner Olympia-Stadion denken, die gerade ein halbes Jahr zurücklag. Damals saß ich am Radio und freute mich über das einwandfreie dritte Tor der deutschen Mannschaft, das ebenfalls durch Pesser erzielt wurde. 3:1 wäre sie in Führung gegangen – hätte der Schiedsrichter keine Fehlzündung gehabt. Er erkannte den Treffer nicht an. Später sah ich in der Wochenschau, daß der Ball nicht vom Pfosten zurückgeprallt war, wie der Unparteiische vielleicht gemeint hatte, sondern von einer der Eisenstangen, die damals das Netz hielten. Die Deutschen hatten den Torschützen schon beglückwünscht und in der Enttäuschung, die dem Jubel folgte, zu ungenau gedeckt. Die Ungarn kamen im Gegenzug überraschend zum Ausgleich.

2:2 damals! 2:2 heute!

So ist es nun mal beim Fußball. Schiedsrichter sind auch nur Menschen. Und menschlich ist es, sich zu irren.

Als wir am nächsten Tag die Zeitungen mit den ersten Spielberichten lasen, stieg es uns noch einmal bitter in die Kehle. Aber Sepp Herberger tröstete uns:

»Diesmal sind die Ungarn noch mit heiler Haut davongekommen. Wartet das nächste Spiel ab!«

Am 20. Oktober 1940 fuhr ich nach München zum Länderspiel gegen Bulgarien, am 3. November nach Zagreb zum Treffen gegen Jugoslawien. Vierzehn Tage später schon stand die deutsche Nationalmannschaft in Hamburg den Dänen gegenüber. Gegen die Bulgaren gewannen wir verdient 7:3, gegen die Jugos unterlagen wir nicht minder verdient 0:2. Der 1:0-Sieg gegen Dänemark versöhnte uns wenigstens in etwa mit unserem Versagen in Zagreb.

Als ich mein Köfferchen zum viertenmal gepackt hatte, brauchte ich keine Fahrkarte: Am 5. Dezember 1940 wurde ich in meiner Heimatstadt Kaiserslautern Infanterie-Rekrut. Punkt vierzehn Uhr meldete ich mich klopfenden Herzens auf der Schreibstube der 23er-Kaserne.

»Na endlich! Auf Sie haben wir schon lange gewartet«, begrüßte mich der Spieß. Wie viele Unteroffiziere und Feldwebel war er ein Stammgast in der Gastwirtschaft meines Vaters.

Im Handumdrehen verwandelte sich der Zivilist Walter in den Soldaten Walter. Wir wurden geschliffen, daß mir die Augen übergingen. Ich fühlte mich in den ersten Tagen wie zerschlagen, obwohl ich doch als Sportler einigermaßen abgehärtet war. Der Schwung, auf den man als Rekrut gebracht wird, unterscheidet sich doch wesentlich von den Anforderungen auf dem Fußballplatz.

Für mich wurde, im großen und ganzen gesehen, weiß Gott keine Extrawurst gebraten. Um meine Kondition zu halten, drehte ich allabendlich auf dem verlassenen Kasernenhof ein paar einsame Runden. Es war eine Zeit der größten körperlichen Beanspruchung.

Der 1. FCK, in dessen Reichweite ich ja geblieben war, wollte nach Möglichkeit nicht auf den fußballspielenden Rekruten verzichten. Donnerstags war ich eingerückt, am Samstag bereits erschien der Vorstand des Vereins, um mich für das am Sonntag stattfindende Meisterschaftsspiel loszueisen. Obwohl ich noch nicht vereidigt war, und Rekruten normalerweise in den ersten sechs oder acht Wochen keinen Ausgang bewilligt bekamen, erklärte sich der Kompanieführer mit dem »Fußballurlaub« einverstanden.

Wie das in der Praxis vor sich ging? Am Sonntagnachmittag nahmen mich der Spieß und unser Zugführer in die Mitte. Mein Köfferchen in der Hand, marschierte ich zwischen ihnen zum Betzenberg.

»Wenn uns ein Offizier entgegenkommt, lassen Sie Ihren Koffer nicht los, sondern grüßen nur mit Kopfbewegung!« hatte man mir eingetrichtert – die einzige Möglichkeit für einen Rekruten, der vorschriftsmäßige Ehrenbezeigungen noch nicht gelernt hatte.

Soweit wäre alles reibungslos verlaufen. Doch wie der Zufall es wollte: ich, der bis zu diesem Zeitpunkt noch niemals ernstlich verletzt wurde, zog mir ausgerechnet kurz vor Schluß dieses Spiels eine schmerzhafte Knöchelverletzung und einen starken Bluterguß zu. Erfolg? Ich mußte in die Kaserne gefahren und ins Revier eingeliefert werden. Dort lag ich acht Tage, bevor ich meinen Dienst wieder aufnehmen konnte. Ich saß, wie man so schön sagt, auf glühenden Kohlen, denn dieser Vorfall konnte bedauerliche Nachwirkungen haben. Würde mich der Kompaniechef ein zweites Mal Fußball spielen lassen? Er ließ mich – Gott sei Dank!

Der Infanterist Walter wurde beurlaubt, um beim Länderspiel gegen die Schweiz am 9. März 1941 dabei zu sein.

Herberger hatte es inzwischen schon schwer, eine schlagkräftige Nationalmannschaft zusammenzutrommeln, waren doch die meisten von uns Soldat.

Bald nach dem Stuttgarter Spiel, das wir 4:2 gewannen, schrieb mir der Reichstrainer: »Wie steht es mit Ihrem Knöchel?« Ich war nämlich verletzt worden und es schien absolut nicht sicher, ob ich bis zum wichtigsten Kampf des Jahres wiederhergestellt sein würde: am 6. April 1941 spielte Deutschland in Köln gegen Ungarn.

Knöchel und Kompaniechef machten keine Schwierigkeiten – ich war wieder fit und bekam auch den nötigen Urlaub.

Das Spiel der Superlative

Ein paar Tage vor dem Match traf ich in Köln ein. Wir fuhren nach Duisburg-Wedau weiter und bereiteten uns so intensiv wie noch nie vor. Würde uns der große Coup diesmal gelingen? Zweimal wurden die Ungarn durch fragwürdige Schiedsrichterentscheidungen vor der Niederlage bewahrt. Wir hatten uns fest vorgenommen, so zu spielen, daß uns auch eine eventuelle Fehlentscheidung des Unparteiischen das Genick nicht brechen konnte.

Während des Trainings legte Herberger besonderen Wert darauf, kleine Konditionsmängel zu beseitigen. Er wußte sehr wohl, warum. Beim letzten Spiel in Budapest waren die Magyaren in so glänzender körperlicher Verfassung, daß sie auch nach neunzig Minuten noch nicht die geringsten Schwächen erkennen ließen. Es lag klar auf der Hand, daß sie nicht weniger vorbereitet nach Köln kommen würden.

Was soll ich mich lange mit Vorreden aufhalten? Das Spiel sprach für sich selbst. Es fielen sieben Tore! Sieben! Und das Unfaßbare daran: Alle sieben schoß die deutsche Mannschaft!

Es war ein Fest der Superlative: mein bisher schönstes Spiel, die beste Leistung der Nationalelf seit langer Zeit, ein Kampf, der zu überschwenglichsten Kritiken veranlaßte. Jeder wird daher verstehen, daß mir der Tag von Köln unvergeßlich bleibt.

Hier die Geschichte der sieben Tore. Tor Nummer 1:

Weit vorgeschoben erhielt ich den Ball, lief mit ihm einige Schritte und setzte in aussichtsreicher Position gerade zum Schuß an, als mich der ungarische Mittelläufer Polgar durch ein klares Foul zu Fall brachte. Der spanische Schiedsrichter Escartin verhängte sofort die »Todesstrafe«, denn der fällige Elfmeter, den Paul Janes schoß, war von vornherein ein sicheres Tor. Alles ging so blitzschnell, daß ich die Details später in der Zeitung besser sah als während des Spiels. Paul schoß so scharf, daß der ungarische Torwart Csikos völlig machtlos war, obwohl der Ball direkt über seinem Kopf in den Kasten rauschte. Er wollte gerade die Hände hochreißen, als das Leder schon wieder aus dem Tor zurückprallte. 1:0 in der 25. Minute!

Tor Nummer 2:

Unser Rechtsaußen Hanreiter flankte in die Mitte. Hahnemann täuschte einen Gegner und ließ den Ball absichtlich durch. Ich stand frei, nahm ihn auf und knallte ihn aus rechter Position in die lange Ecke. 2:0 in der 29. Minute!

Tor Nummer 3:

Hanreiter schob mir das Leder zu, ein paar Schritte, ich gab es an ihn zurück. Sofort flankte er in den ungarischen Strafraum. Hahnemann sprang über den Ball, überließ ihn Linksaußen Kobierski – ein satter, scharfer Schuß! 3:0 in der 34. Minute!

Tor Nummer 4:

Irgendwo in der Spielfeldmitte erwischte ich das Leder. Kein Ungar griff mich an. Ich raste mit dem Ball in linker Position auf den gegnerischen Strafraum zu. Ein weicher Paß zur Mitte, einer von uns nahm ihn auf, lenkte das Leder zum Halbrechten Hahnemann, der die Angelegenheit in unserem Sinn regelte. 4:0 in der 51. Minute!

Tor Nummer 5:

Das schönste aller schönen Tore dieses Tages war von Schön, unserem Halblinken. Nach einer Ecke bekam er den Ball und schoß ihn mit fantastischem Fallrückzieher ins Netz. Dieser Schuß beeindruckte sogar den Gegner gewaltig und riß uns zu überschwenglichen Gratulationen hin. Der Beifall der 60000 Zuschauer wollte nicht mehr aufhören. 5:0 in der 60. Minute!

Tor Nummer 6:

Helmut Schön bediente Hahnemann mit einer prächtigen Steilvorlage. Dieser brauste los, hängte jeden Gegner ab, und schon war Torwart Csikos geschlagen. 6:0 in der 66. Minute!

Tor Nummer 7:

Wieder wurden die Ungarn bei einem deutschen Angriff ausgespielt. Vom linken Flügel kam der Ball zu Schön. Csikos eilte aus dem Tor – zu spät. Unser Halblinker aus Dresden hatte das Leder bereits aus wenigen Metern Entfernung im Kasten deponiert. 7:0 in der 81. Minute!

Wie konnte es zu dieser haushohen Niederlage für die Ungarn kommen? Warum haben die Männer aus Budapest, die uns in technischer Hinsicht mindestens ebenbürtig waren, deren Kondition nicht schwächer war als unsere, die genauso entschlossen kämpften wie wir – warum haben sie eine solche Schlappe einstecken müssen?

Dieses Spiel hatten sie schon verloren, bevor es der Schiedsrichter anpfiff. Sie waren mit völlig mißglückten taktischen Anweisungen angetreten. Bisher hatten sie, wie Österreich und Italien zum Beispiel, mit offensivem Mittelläufer operiert. In Köln versuchten sie ihr Glück zum erstenmal mit dem WM-System.

Was konnte dabei schon schiefgehen? Die Verteidiger deckten die gegnerischen Außenstürmer, die Außenläufer die Halbstürmer und der Mittelläufer den Mittelstürmer. Alles schön und gut! Aber die Ungarn vergaßen, sich entsprechend zu staffeln.
Wenn wir von links angriffen, versuchte der rechte ungarische Verteidiger die Attacke abzuwehren. Der linke Verteidiger aber klebte inzwischen an unserem Rechtsaußen, statt daß er sich in Höhe des Strafraumes postiert hätte, um als letzter Mann rettend einzugreifen. Seinen Außenstürmer hätte er doch ruhig unbeachtet lassen können! Was drohte denn schon für eine Gefahr von ihm? Selbst bei einem Flankenwechsel von links nach rechts, meinetwegen über fünfzig Meter, wäre der ungarische Verteidiger während der Flugzeit des Balles leicht in der Lage gewesen, rechtzeitig bei seinem Mann zu sein. Nun ja, die Ungarn legten keinen Wert auf Staffelung. Sie deckten ihren Mann und nicht mehr.
Nicht einmal, immer wieder hatten wir durch ihren Kardinalfehler freien Raum vor uns. Ein Paß hinein – einer von uns ahnte ihn meist voraus. So fielen uns die Tore in den Schoß wie reife Pflaumen.
Noch nie wurde eine Klassemannschaft grausamer ausgespielt als die Ungarn in Köln. Der Beifall unserer freudig überraschten Anhänger schlug frenetisch über uns zusammen. Jetzt waren wir mehr als quitt.

✻

Herberger rieb sich vergnügt die Hände. Dem nächsten Länderspiel, das vierzehn Tage später in Bern stattfinden sollte, sah er zuversichtlich entgegen.
Wir spielten mit derselben Mannschaft, die sich gegen die Ungarn so hervorragend bewährt hatte *(Klodt; Janes, Miller; Kupfer, Rohde, Kitzinger; Hanreiter, Hahnemann, Walter, Schön, Kobierski)*, mußten aber von den taktisch hervorragend manövrierenden Eidgenossen eine 1 : 2-Niederlage kassieren. Sie wirkte auf uns wie eine kalte Dusche. Doch was blieb uns anderes übrig, als die erforderlichen Lehren zu ziehen und uns vorzunehmen, es beim Rückspiel besser zu machen?

NIEDERLAGE IN SCHWEDEN

Als ich heimkehrte, fand ich bei meiner Kompanie die Versetzung zum Ersatzbataillon vor. Am 1. Mai 1941 verließ ich Kaiserslautern und fuhr nach Frankreich zu meiner neuen Einheit.

In Gedanken hatte ich mich so ziemlich damit abgefunden, daß es jetzt wohl aus und vorbei sei mit dem Fußballspielen, mußten wir doch täglich mit Abstellungen zu den Fronteinheiten rechnen. Um so überraschter war ich, als mir Herberger in einem Brief mitteilte, daß ich am 1. Juni gegen die Rumänen in Bukarest dabei sein sollte. Die Urlaubsfrage sei bereits durch ihn geklärt.

So gondelte ich also durch halb Europa, um mich mit einem Tor an unserem 4:1-Sieg über die Rumänen zu beteiligen. Mehr als das Spiel ist mir die fürchterliche Hitze in Erinnerung geblieben, die unseren Aufenthalt auf dem Balkan zu einer enormen Strapaze machte.

»Blamieren Sie unseren Haufen nicht«, sagte mein Oberfeldwebel, bevor ich schon vierzehn Tage später zum nächsten Länderspiel nach Wien fuhr. Wir besiegten Kroatien glatt mit 5:1.

In der zweiten Septemberhälfte rief Herberger seine Getreuen für das Spiel gegen Schweden zusammen, das am 5. Oktober in Stockholm stattfinden sollte. Es ist mir schon deshalb in besonderer Erinnerung, weil ich, um nach Stockholm zu kommen, zum erstenmal in meinem Leben ein Flugzeug besteigen mußte. Mit den Kameraden kletterte ich in Berlin in die gute, alte Ju 52. Um ehrlich zu sein: auf diesen Flug hab' ich mich nicht gefreut. Die anderen, die schon öfter in einer Maschine gesessen hatten, zeigten mir grinsend die bewußten Tüten und wollten mir in ihrer selbstlosen Güte sogar die Hosen zubinden. Aber es wurde halb so schlimm. Bei herrlichem Sonnenschein flogen wir über die Ostsee. Meine Angst war wie weggeblasen, und ich genoß das Erlebnis des Fluges. Erst als die Maschine bei Stockholm zur Landung ansetzte, merkte ich, daß mit meinem rechten Ohr etwas nicht stimmte. Im Schädel knirschte und knackste es, und ich bekam heftige Schmerzen. Auf dem Weg zum Hotel stellte ich fest, daß ich auf einer Seite völlig taub war.

Als ich den Kameraden meinen Kummer mitteilte, lachten sie mich aus.

»So was kommt beim Fliegen schon mal vor. Das macht der Höhenunterschied.«

»Halt dir die Nase zu, Fritz!«

»Am besten hüpfst du auf dem rechten Bein.«

»Paß auf, das gibt sich ganz von selbst.«

Es gab sich nicht von selbst. Im Gegenteil! Nach dem Abendessen wurden die Schmerzen immer schlimmer. Kläglich gestand ich es Herberger. Der nahm die Sache nicht auf die leichte Schulter, sondern fuhr mit mir in ein Stockholmer Krankenhaus, um einen Spezialisten um Rat zu fragen. Den Dolmetscher, der uns während des Aufenthalts in Schweden zur Verfügung gestellt wurde, nahmen wir mit.

»Kein Wunder, daß Sie Schmerzen haben«, sagte der Ohrenarzt nach der Untersuchung. »Durch den plötzlichen Luftdruckwechsel hat sich eine starke Entzündung gebildet.«

»Ja, aber… er soll doch morgen Fußball spielen«, meinte Herberger entsetzt. Doch der Arzt schüttelte den Kopf.

»Ausgeschlossen«, sagte er. »Bis so eine Entzündung abgeklungen ist, vergehen ein paar Tage. Da ist nichts zu wollen!«

Herberger ließ durch den Dolmetscher mitteilen, daß er mich unter allen Umständen brauchte und ließ fragen, ob es nicht doch vielleicht eine Möglichkeit gäbe… Der Arzt schaute uns schweigend an. Dann ging er zu einem Schränkchen, holte ein Fläschchen heraus und träufelte mir eine Flüssigkeit ins Ohr. Alles wurde dick mit Salbe verschmiert und mit mordsmäßigem Verband eingepackt.

Als ich mich mit dem riesigen Turban bei den Kameraden blikken ließ, gab es ein großes Hallo. Es erwies sich wieder einmal, daß einer, der den Schaden hat, für den Spott nicht zu sorgen braucht. Aber mit dem Turban allein war es nicht getan. Anderl Kupfer, mein Zimmerteilhaber, wurde ausquartiert. An seiner Stelle zog Herberger zu mir. Wenigstens der Anderl sollte ruhig schlafen – der Reichstrainer war vom Arzt angewiesen worden, mich alle zwei Stunden zu wecken, um mir Tabletten einzugeben.

Eine unvergeßliche Nacht! Jedesmal, wenn ich einschlafen wollte, rappelte schon wieder der Wecker. Herberger – in der einen Hand ein Glas Wasser, in der anderen zwei Tabletten – stand vor meinem Bett. Ich schluckte brav, was er mir verabreichte. Und das alle zwei Stunden! Ich habe wenig geschlafen, doch ich glaube, mein selbstloser Sanitäter hat in dieser Nacht überhaupt kein Auge zugetan. Am Morgen fühlte ich mich völlig zerschlagen. Aber der Erfolg unserer Roßkur war nicht ausgeblieben: die Schmerzen hatten nachgelassen,wenn ich auch noch nicht wieder richtig hören konnte.

Beim vormittäglichen Probetraining im Stockholmer Rasunda-Stadion wurde ich kritisch unter die Lupe genommen. Ich fand mich schon wieder so gut zurecht, daß Herberger meinen Einsatz riskieren wollte.

Eine halbe Stunde vor Spielbeginn trafen wir im Stadion ein. Es ist rechteckig, hat keine Aschenbahn – die Zuschauer saßen also dicht an der Außenlinie.

Sogleich bot sich uns ein ungewöhnliches Schauspiel: Die Aufmerksamkeit der 40 000 Zuschauer konzentrierte sich auf einen nicht zu übersehenden Schreihals unten auf dem Rasen. Er ging mit einem riesigen Megaphon in der Hand von einer Ecke des Stadions in die andere und übte mit dem Publikum den schwedischen Schlachtruf ein. Als ihm Lautstärke und Begeisterung ausreichend erschienen, pflanzte er sich in der Mitte des Platzes auf und exerzierte das Beifallsgebrüll mit dem ganzen Stadion. 40 000 jubelten, bevor die Mannschaften eingelaufen waren – und so was nannte man »kühles nordisches Temperament«.

Um es vorwegzunehmen: wir hatten nicht unseren besten Tag. Es wirkte sich eben doch langsam aus, daß in Deutschland auch für Fußballspieler andere Dinge wichtiger waren als der Fußball. Die Schweden hingegen hatten sich mit friedensmäßiger Intensität vorbereiten können und waren groß in Form.

Überrumpelt

Nach dem Pfiff des dänischen Schiedsrichters Laurson sah es für uns gleich mulmig aus. Die Schweden stürmten, und wir mußten unser Hauptaugenmerk auf die Verteidigung richten.

Die größte Gefahr drohte uns von einem kleinen blonden Kerl, dem Halblinken Carlsson. Unser Anderl Kupfer war sein Gegenspieler, er fand an diesem Tag in ihm seinen Meister. Was er auch versuchte, um Carlsson zu bremsen, er gewann nicht die richtige Einstellung zu dem Schweden, der ihm immer wieder durchbrannte und folgerichtig auch drei Tore schoß.

In der 24. Minute mußte Klodt, unser Tormann, den Ball zum erstenmal aus dem Netz holen. Die Verteidigung hatte eine Flanke von rechts verpaßt. Es entstand ein Gedränge vor dem Tor, Carlsson angelte sich blitzschnell den Ball, und schon war es passiert.

Wie oft hatten wir schon mit einem Treffer im Rückstand gelegen und doch noch gewonnen! Wir ließen also die Köpfe nicht hängen, sondern versuchten, die Karre wieder aus dem Dreck zu ziehen. Es wollte und wollte nicht klappen.

Viel öfter, als wir das gegnerische Tor bedrohten, tauchten die Schweden in unserem Strafraum auf. Eine Flanke des schwedischen Linksaußen Andersson, die Klodt verfehlte, verwandelte Rechtsaußen Martensson zum 2:0 für seine Mannschaft. Jetzt schaute die Geschichte schon bedenklicher aus. Nicht lange, denn sofort nach dem Anstoß gewann Lehner, unser Rechtsaußen, einen Zweikampf mit einem schwedischen Verteidiger, kam ungeschoren an ihm vorbei und erzielte aus etwa zehn Metern unseren Anschlußtreffer. 1:2!

Das alte Lied: dieses Tor weckte für einige Zeit die Lebensgeister. Die eigenen Angriffe gelangen plötzlich, und das Spielgeschehen verlagerte sich immer mehr in die gegnerische Hälfte. Klodt und die Verteidiger Janes und Billmann wurden entlastet. Die Läuferreihe mit Kupfer, Rohde und Kitzinger konnte sich mehr darauf konzentrieren, den Angriff aufzubauen. Immer präziser wanderte der Ball durch die Stürmerreihe: Lehner, Hahnemann, Walter, Schön, Gärtner.

Kurz vor der Halbzeit hatten wir noch einmal eine 99prozentige Ausgleichschance. Nur ein Prozent fehlte, aber das sollte leider entscheidend sein. Linksaußen Gärtner hatte nach haargenauem Paß von Ernst Lehner am Tor vorbeigeschossen. Es blieb dabei, daß wir mit 1:2 in die Kabine gingen.

»Wenn ihr was erreichen wollt«, sagte Herberger, »dann müßt ihr schon eine ganz andere zweite Halbzeit hinlegen.«

Natürlich hatte er recht. Am meisten ärgerte sich Anderl Kupfer. Das war ihm noch nie passiert: er, der mit allen Wassern gewaschene Routinier, wurde mit seinem Mann nicht fertig! »Melden Sie ihn doch ab!« hatte ihm Herberger in ähnlichen Fällen immer wieder geraten. Wie viele hatte der Anderl schon abgemeldet! Und bei Carlsson sollte es ihm nicht gelingen?

Bald nach dem Wiederanpfiff fiel bereits die Entscheidung. Sie fiel unter dramatischen Begleitumständen.

Ich war auf rechtsaußen gewechselt, stürmte mit dem Ball die Linie entlang, sah Hahnemann in günstiger Position und flankte. Er hechtete nach dem Leder und wuchtete es mit wunderbarem Kopfstoß ins Tor – nein, nicht ins Tor, an den Pfosten! Der Ball prallte vom Pfosten zurück. Wohin? Ins Tor!

Das war der Ausgleich! Die Chancen standen wieder fünfzig zu fünfzig. Ich lief auf Hahnemann zu, gratulierte ihm, er gratulierte mir zu der brauchbaren Flanke. Die anderen eilten ebenfalls freudestrahlend herbei. Erst diese Gratulationscour wurde uns im Endeffekt zum Verhängnis...

Ein schwedischer Verteidiger hatte nämlich nach Hahnemanns Schuß das Leder rückwärtsfallend erwischt, allerdings einen Meter hinter der Torlinie. Der abgewehrte Ball prallte erneut an den Pfosten und von dort Torwart Bergqvist in die offenen Arme. Da Schiedsrichter Laurson keine Anstalten traf, unser einwandfreies Tor anzuerkennen, gab der schwedische Schlußmann das Leder blitzschnell zu seinem Sturm. Wir erwachten aus einem Traum, doch wir erwachten zu langsam. Bevor wir alle wieder in Stellung gelaufen waren, hatten die Schweden mit ein paar flinken Kombinationen Boden gewonnen, und Carlsson, der beste Mann auf dem Platz, schoß unhaltbar ein.

Statt 2 : 2 hieß es plötzlich 1 : 3!

Wir wurden regelrecht überrumpelt. Für einen Protest war es wohl zu spät. Wozu auch protestieren: Gute Verlierer waren für den deutschen Sport wertvoller als schlechte Gewinner.

Es lag auf der Hand, daß die Schweden nach dem Überraschungstor noch mehr Oberwasser gewannen, als sie ohnehin schon hatten. Uns wollte einfach keine Aktion mehr gelingen. Das Mannschaftsspiel hatte einen Knacks bekommen. Wer von uns trotz allem im stillen noch eine Wendung erhoffte, mußte dies zehn Minuten vor Schluß endgültig begraben.

Nach glanzvollem Zusammenspiel kamen die Schweden zu ihrem vierten Tor. Es wunderte uns schon gar nicht mehr, daß der Schütze wieder Carlsson hieß.

1:4!

Das erstickte jeden Elan. Die Hoffnung auf den Sieg war erloschen.

»So hoch darf es doch nicht ausgehen«, riefen wir uns zu. Und wirklich gelang es uns eine Minute vor Schluß, die Niederlage in einigermaßen erträglichem Rahmen zu halten: Hahnemann gab zu Lehner. Lehner flankte halbhoch zu mir – Kopfball –, Bergqvist mußte das Leder passieren lassen.

2:4!

Kleinlaut gingen wir in die Kabine. Trotz der Enttäuschung brachte Herberger sehr viel Verständnis für uns auf. Konnte er von uns, die wir alle Soldaten waren, sportliche Höchstleistungen verlangen?

Als wir uns beim abendlichen Bankett mit den Schweden trafen, war unsere Stimmung immer noch nicht viel über den Nullpunkt gestiegen. Sie besserte sich erst, als wir erfuhren, daß eine zweite deutsche Mannschaft am selben Tag in Helsinki gegen Finnland 6:0 gewonnen hatte.

Übrigens wurde beim Bankett gleichzeitig auch der Geburtstag des damaligen Präsidenten des Schwedischen Fußballverbandes gefeiert. Unsere Offiziellen gratulierten ihm, und auf einen Wink Herbergers marschierten auch wir auf den Jubilar zu. Er hatte sich vom Platz erhoben, blickte uns erwartungsvoll entgegen – und wußte im nächsten Augenblick nicht mehr, wie ihm geschah: Wir hoben ihn hoch, legten ihn über unsere Knie und verabreichten ihm eine Tracht allerdings recht harmloser Prügel auf die Kehrseite – den »Heiligen Geist«, wie man bei uns in der Nationalelf sagt. Der Präsident war kein Spaßverderber. Als ihm übersetzt wurde, daß der Heilige Geist nicht nur eine Strafe, sondern auch die ehrenvolle Aufnahme in unsere Gemeinschaft bedeute, lachte er schallend. Durch die heitere Episode wurde die bittere Niederlage des Tags ein wenig in den Hintergrund gedrängt...

URLAUB FÜR BUDAPEST UND BERN

Meinem Spieß Walter Nimmler verdankte ich viel.
Wenn mir das OKH per Fernschreiber wieder einmal Urlaub zu einem Länderspiel erteilte, durfte ich von meinem Standort in Frankfurt aus den Zug Richtung Metz–Saarbrücken–Frankfurt meist so aussuchen, daß ein paar Stunden Aufenthalt in Kaiserslautern abfielen.

Obwohl die deutsche Wehrmacht weit im Osten ihrem erbittertsten Gegner, dem russischen Winter, gegenüberstand, rollte der Fußball immer noch. Aus den Begegnungen dieser Zeit ist mir vor allem das berühmte Spiel gegen die Ungarn, am 3. Mai 1942 in Budapest, in Erinnerung geblieben.

Beide Mannschaften fieberten diesem Match entgegen. Die Ungarn, weil sie sich brennend gern für die in Köln eingesteckte 0:7-Niederlage revanchieren wollten. Wir hofften andererseits sehnsüchtig, die Magyaren endlich einmal auf ihrem eigenen Boden zu besiegen. Ein Ziel, das sich der deutsche Fußballsport seit dreiunddreißig Jahren vergeblich gesetzt hatte. Der Rachedurst unserer Gegner war uns natürlich nicht unbekannt, und wir ahnten, daß wir im Hexenkessel des Budapester Ferenczvaros-Stadions allerhand vor uns hatten.

Aus diesem Grund setzte Herberger alle Hebel in Bewegung, um uns trotz der bestehenden Urlaubsschwierigkeiten für längere Zeit vor dem Spiel zusammenzubringen. Und er schaffte es wieder einmal. Vierzehn Tage lang trainierten zwanzig Nationalspieler in Ludwigsburg bei Stuttgart. In einem kleinen Gasthaus mit eigener Metzgerei waren wir gut untergebracht. Die Verpflegung muß besonders auf unseren Torhüter Jahn tiefen Eindruck gemacht haben, denn nach dem Krieg tauchte er wieder in Ludwigsburg auf und holte sich auf dem Umweg über den Trauschein die Erlaubnis, mit der Tochter des Hauses die Wirtschaft zu übernehmen.

Die Tage von Ludwigsburg sollten sich für uns als sehr bedeutsam erweisen. Wir setzten alles daran, in blendende Kondition zu kommen.

»Schlitzohrs« lustige Streiche

Für uns gab es in dieser Zeit kein »Wenn« und kein »Aber«, nur ein »Diesmal muß es gelingen!« Mag sein, daß der Optimismus bei uns zwanzig den Flachs blühen ließ wie noch nie. Vielleicht lag es aber auch daran, daß Ernst Willimowski, unser unvergleichlicher Spaßvogel, mit von der Partie war. Schon am Ankunftstag führte sich Ernst, von uns meist »Schlitzohr« genannt, würdig ein. Wir sollten bis zum Mittagessen alle an Ort und Stelle sein. Wer war nicht da? Schlitzohr! Er erschien auch nachmittags nicht, und selbst abends war weit und breit von ihm nichts zu sehen. Wir gingen nach dem Essen ins Kino. Als wir zurückkehrten, stürzte die Wirtin auf uns zu.

»Ach, Herr Herberger«, rief sie aufgeregt, »Sie müssen gleich mal rauf zu Willimowski. Er ist vorhin angekommen, ich glaube, er ist schwer krank. Ich habe ihm schon Tee gekocht.«

Herberger erschrak und schaute uns der Reihe nach fragend an. Uns kam die Geschichte mulmig vor. Geschlossen marschierten wir nach oben. Da lag der gute Ernst in seinem Bett. Die Decke hatte er bis zu dem mit einem warmen Schal verpackten Hals hochgezogen, den Kopf dick mit einem Halstuch umwickelt. Wer Schlitzohr so liegen sah, konnte meinen, es gehe auf sein letztes Stündchen zu.

»Versuchen wir unsere Wunderkur«, beschlossen wir, stürzten uns auf ihn und verabreichten ihm den »Heiligen Geist«. Die Wunderkur wirkte Wunder. Schlitzohr pellte sich aus Schal und Turban und lachte uns unverschämt an:

»Tja, wenn die Sache so steht, dann brauch' ich ja nicht den kranken Mann zu spielen.« Wegen seiner verspäteten Ankunft war er auf diesen Trick verfallen.

Das war nur einer von Schlitzohrs Scherzen. Er lieferte sie am laufenden Band. Niemand wird es mir übelnehmen, wenn ich ein paar von ihnen erzähle. Wir lachten in diesen Jahren selten. Lachen aber war für uns so wichtig wie die frische Luft.

Eines schönen Tages – wir hatten draußen im Stadion trainiert – bestiegen wir die uns von der Stadtverwaltung freundlicherweise überlassenen Räder, um ins Gasthaus zurückzufahren. Paul Janes rief, als er aufsteigen wollte, entsetzt:

»Au weh, Plattfuß!«

Er fluchte nicht schlecht. Wir anderen radelten los, und er mußte seine Karre schieben. Pech! Wir dachten uns nichts Besonderes dabei. Erst als Paul lange nach uns im Quartier ankam und
zufällig nach seiner Fahrradnummer schaute, stellte sich heraus,
daß er nicht sein eigenes, sondern Schlitzohrs Vehikel geschoben
hatte. Willimowski war, als er den Plattfuß bemerkte, einfach auf das nächstbeste Rad gestiegen. Sollte ruhig ein anderer
für ihn zu Fuß gehen!
Strafe: Natürlich – »Heiliger Geist!«
Im Verlauf der vierzehntägigen Vorbereitung auf das Ungarn-
Spiel besichtigten wir auch Schloß Ludwigsburg. Hans Rohde
studierte aufmerksam die Goldfische im Springbrunnenbecken.
Plötzlich schlich Schlitzohr Rohde von hinten an und tauchte
ihm den Kopf ins Wasser. Ehe Hans nach Luft schnappen
konnte, machte sich der Missetäter auf und davon.
Wir hatten feixend zugeschaut. Der Bursche muß auch getauft
werden! Diesen Beschluß faßten wir zwar geheim, doch Ernst
muß irgendwie Lunte gerochen haben. Er richtete es so ein, daß
er immer schön zehn Meter vor uns her spazierte. Gingen wir
langsam, verringerte auch er das Tempo, wurden wir schneller,
beschleunigte auch er die Schritte.
Doch Hans Rohdes Rachegelüste waren so schnell nicht abzu-
kühlen. Er überredete uns zu einer taktischen List:
»Das Gros hält die Mitte! Zwei Mann pirschen sich über die
Flügel heran!«
Vergeblich versuchten wir Schlitzohr zu umzingeln.
»Komm, Ernst, wir erzählen dir den neuesten Witz!«
Doch er antwortete kühl:
»Nee, mich könnt ihr nicht für dumm verkaufen, so schlau wie
ihr bin ich schon lange!«
Je näher wir dem Ausgang des Schloßhofes kamen, um so mehr
schwanden unsere Rachechancen. Deshalb erging jetzt kurz
und bündig das Kommando:
»Auf ihn!«
Die ganze Meute startete los. Auch Ernst. Er wollte bei einer
der vielen Türen hinaus, die vom Schloßufer ins Freie führten,
und raste auf die erste zu: verschlossen! Die nächste: verschlossen! Die dritte: verschlossen! Als er endlich eine erwischte, die
sich öffnen ließ, hatten wir ihn beim Wickel. Nach kurzem

Kampf ergab er sich in sein Schicksal, machte sich stocksteif und ließ sich von uns widerstandslos hochheben. Wie die Kegelbrüder sangen wir übermütig:

»Und sie trugen einen Toten raus…«

Unter feierlichen Gesängen erreichten wir den Brunnen und versenkten Schlitzohr in das Reich der staunenden Goldfische. Als er, nach Luft schnappend, wieder hochkam, tauchten wir ihn mit salbungsvollen Sprüchen noch einmal unter. Unser einziger Zuschauer, Sepp Herberger, lachte aus vollem Hals.

Zum Glück war der Weg vom Schloß zu unserem Quartier nicht weit. Willimowski konnte schnell trockene Sachen anziehen und hat sich nicht einmal einen Schnupfen geholt.

Doch als wir von Stuttgart aus nach Budapest abreisten, war er nicht dabei. Nur fünfzehn von den zwanzig zum Lehrgang einberufenen Spielern traten die Reise an.

Schlitzohr verabschiedete sich auf seine Weise.

»Ihr habt ja was vergessen!« brüllte er hinter dem bereits anfahrenden Zug her. Lehner rief aufgeregt zurück:

»Mensch, Ernst, was ist los? Was haben wir vergessen?«

»Mir den ›Heiligen Geist‹ zu geben!«

Lehner, Rohde und noch ein paar andere wären am liebsten aus dem fahrenden Zug gesprungen und hätten das Versäumte nachgeholt. Doch wir hielten sie zurück. Willimowski aber stand auf dem Bahnsteig und lachte sich schief.

»Na warte, Brüderchen, beim nächsten Mal…«, drohten wir.

Vollgepumpt mit Zuversicht

Von ganzem Herzen freuten wir uns über die herrliche Fahrt nach Budapest. Warum sollten wir dieses Mal nicht einen guten Stern haben: Es mußte doch gelingen!

Bei der Spielersitzung warnte uns Herberger vor allem vor dem Fanatismus, mit dem sich die Ungarn wahrscheinlich gleich zu Anfang in das Spiel werfen würden.

»Besonders die erste Viertelstunde ist brenzlig. Laßt die anderen ruhig kommen!«

»Auf geht's! Los!« spornten wir uns gegenseitig an. Wir elf: *Jahn; Janes, Miller; Kitzinger, Rohde, Sing; Dörfel, Decker, Conen, Walter, Durek* – waren zuversichtlich wie selten zuvor.

Was sich vom ersten Pfiff an auf dem Rasen abspielte, übertraf jedoch alles, was wir erwartet oder jemals erlebt hatten. Die ungarischen Stürmer starteten wie versierte Hundertmeterläufer. Wie aus der Pistole geschossen flitzten sie nach vorn. Sofort mischte sich die Zuschauermasse mit enthusiastischen hui-hui-haja-Rufen ein. Dazu klatschten die Zehntausende rhythmisch in die Hände. Sinnlos, uns gegenseitig etwas zuzurufen. In dem Höllenlärm verstand man sein eigenes Wort nicht mehr.

Wir kamen aus der Verteidigung überhaupt nicht heraus. Ich habe in der ersten Viertelstunde kein einziges Mal Gelegenheit gehabt, die eigene Spielhälfte zu verlassen. An den Fingern einer Hand ließ sich abzählen, wie oft ein bescheidener Entlastungsvorstoß in den gegnerischen Strafraum kam.

Dafür brauste Angriff auf Angriff gegen unser Tor. Gyetvai und Kincses, die beiden ungarischen Außenstürmer, rasten die Linie entlang und flankten ein ums andere Mal. Die Schüsse prasselten nur so auf unseren Kasten.

In dem tollen Durcheinander kamen wir kaum zum Verschnaufen. Von einem Spielaufbau aus unseren rückwärtigen Reihen heraus konnte gar keine Rede sein. Jeder in der Hintermannschaft war heilfroh, wenn er den Ball überhaupt aus dem Strafraum brachte.

Ein Trost, daß Torwart Helmut Jahn seinen Kasten zugenagelt hatte. Wie wäre er sonst imstande gewesen, die unmöglichsten Bälle zu meistern? Nicht nur Jahn, die ganze Hintermannschaft behielt die Nerven. Trotzdem blieb es nur eine Frage der Zeit: Wann fällt das erste Tor der Ungarn?

Endlich gelang es auch uns einmal, einen präzisen Angriff über die Mittellinie vorzutragen. Unser Halbrechter Decker schickte einen Paß in den freien Raum. Ich war blitzschnell gestartet, nahm den Ball mit dem linken Fuß an und schmetterte ihn mit dem rechten in die linke untere Torecke. Unmöglich für Ungarns Torhüter Toth, etwas dagegen zu unternehmen. 1 : 0!

Im Stadion herrschte einen Augenblick lang eisige Stille. Man hätte die berühmte Stecknadel fallen hören. Wie ernüchternd mußte aber auch dieser Treffer auf die Ungarn, Spieler und Publikum, wirken! Eine Viertelstunde lang hatten sie unser Tor mit Latten- und Pfostenschüssen eingedeckt, mit Bomben, die in Jahns Armen hängenblieben. Und nun fiel das erste Tor für uns! Toll!

Wir aber sagten »Gott sei Dank!«und »Hoffentlich haben wir das Schlimmste überstanden.«

»Scharf decken!« riefen wir uns zu.

»Laßt euch nicht wieder in die Defensive drängen!«

»Aufbauen von hinten heraus!«

Wir meinten, ein verteiltes Spiel müßte doch zu erzwingen sein. Doch erzwingen läßt sich im Fußball so leicht nichts.

Die Ungarn jagten nach dem Anstoß los, als ob nicht das geringste vorgefallen sei. Sie hatten Dusel: Schiedsrichter Barlassini bestrafte ein leichtes Foul von Hans Rohde an Bodola reichlich hart mit einem Elfmeter. Diese strenge Maßnahme verhalf den Ungarn überraschend schnell zum Ausgleich.

In der 17. Spielminute stand es 1:1!

Ich erinnere mich, daß nach dem Ausgleich ein ähnliches Trommelfeuer auf unser Tor einsetzte wie zu Beginn des Spiels. Zwar gelang es uns gelegentlich, die Umklammerung zu sprengen, doch die Überlegenheit des Gegners war einfach erdrückend. Wir rechneten jede Minute damit, daß unsere Hintermannschaft nun endgültig zusammenbrechen müßte.

Unter diesen Umständen durften wir nicht erstaunt sein, als die Ungarn nach einem Freistoß durch Zsengeller zum 2:1 und fast zusammen mit dem Halbzeitpfiff durch Mittelstürmer Tilhanyi zum 3:1 kamen.

Auch die enthusiastische Freude der teilweise ins Spielfeld stürmenden ungarischen Zuschauer durfte uns nicht wundern. Oft ist es ja so, daß man im Vertrauen auf die eigene Stärke eine Wendung selbst bei einem Stand von 0:2 oder 1:3 noch für möglich hält. Doch im bisherigen Spielverlauf war die Überlegenheit der Ungarn so kraß, daß sich jeder wohl nur eine Frage stellte: Verlieren die Deutschen 1:5, 1:8 oder noch höher?

Mit hängenden Köpfen gingen wir in die Kabine. Aus war es mit der Zuversicht, mit der wir uns in Ludwigsburg vollgepumpt hatten. Aus der Traum, die Ungarn nach dreiunddreißig Jahren zum erstenmal auf ihrem eigenen Boden zu besiegen. Sonst wurde in der Kabine schon mal diskutiert: »Warum hast du nicht hergegeben?« – »Du hättest angreifen müssen!« – »Dieser blöde Lattenschuß!«

Nichts von all dem nach dieser niederschmetternden Halbzeit! Es war totenstill im Raum. Jeder trank schweigend seinen Schluck Tee oder lutschte unbehaglich an seinem Zitronenscheibchen herum. Auf dem Gang draußen ertönte der Schiedsrichterpfiff zum Fertigmachen – viel zu schnell für uns. Mutlos schauten wir einander an und schüttelten die Köpfe. Wie sollte das weitergehen:

Da sagte Herberger in die Stille hinein:

»Männer, ich bitt' euch um alles in der Welt, laßt es nicht zu einer Katastrophe kommen! Versucht wenigstens, die Niederlage in einigermaßen erträglichem Rahmen zu halten!«

Auch er glaubte also nicht mehr an eine entscheidende Wendung!

Daß wir nicht frohgemut auf den Platz gingen, war klar. Trotzdem pulverten wir uns gewaltsam auf:

»Hopp, probieren wir's noch mal!«

Nach dem Wiederanpfiff legten sich die Ungarn mit der gleichen Macht ins Zeug wie in der ersten Spielhäfte. Das waren die Folgen der 0:7-Niederlage von Köln vor einem Jahr! Diese Schlappe wollten sie uns heimzahlen, und möglichst gründlich.

Etwa zehn Minuten lief das Spiel, da wurde bei einem unserer wenigen Entlastungsangriffe Conen gefoult. Barlassini gab Freistoß von der Sechzehnmeterlinie.

Janes setzte sich seelenruhig den Ball. Die Ungarn, die seine Bombenschüsse aus Erfahrung kannten, bildeten eine Mauer. Jeder vernünftige Mensch hätte sie als massiv bezeichnet, doch Paul entdeckte eine winzige Lücke. Durch sie jagte er den Ball halbhoch und mit unheimlicher Fahrt. In der äußersten linken Ecke des Ungarntors landete er.

Das war die Aufmunterung, die uns gefehlt hat! Es stand jetzt 2:3! Und die zweite Spielhälfte war noch nicht alt.

»Jetzt oder nie!« riefen wir uns zu.

Die Überlegenheit der Ungarn betrachteten wir ab sofort als nicht mehr vorhanden. Wir hielten den Ball flach und spielten uns frei, während vorher nur vereinzelt verzweifelte Entlastungsschläge aus der Hintermannschaft gekommen waren. Jetzt spielten wir unser Spiel! Wir kombinierten.

In der 65. Minute startete Conen in halblinker Position zu einem Alleingang, umspielte einen, zwei Ungarn. Weil Torhüter Toth alarmiert herausstürzte, wurde Conen etwas nach links abgedrängt. Doch er blieb am Ball, umspielte den magyarischen Schlußmann und schob das Leder wenige Meter vor dem Tor quer in die Mitte. Ich hatte die Situation schnell erfaßt, war mitgelaufen und brauchte aus kurzer Entfernung nur noch in den leeren Kasten zu lenken.

3:3!

Die glänzende Einzelleistung unseres Mittelstürmers hatte uns den Ausgleich ermöglicht. Den Ausgleich und ... ein Jubiläumstor. Das 500. Tor in der deutschen Länderspielgeschichte! Doch das wußten wir in diesem Augenblick noch nicht.

Nun lebte die alte Zuversicht, mit der wir nach Budapest gereist waren, wieder auf. Die kalten Duschen der ersten Halbzeit hatten wir abgeschüttelt. Die Ungarn schauten einander vielsagend an. Sie machten sich nicht einmal Vorwürfe, dazu waren sie viel zu perplex. Im vorher tobenden Rund des Ferenczvaros-Stadions aber war es sehr ruhig geworden.

Das Kräfteverhältnis wirkte jetzt ziemlich ausgeglichen. Für uns schienen die Tore förmlich in der Luft zu hängen, denn knapp fünf Minuten später schlug zum drittenmal in dieser Halbzeit der Blitz bei den Ungarn ein.

Unser Rechtsaußen Dörfel war nach einem wunderschönen Steilpaß von Conen in den freien Raum gestartet, lief noch ein paar Schritte und fegte das Leder an dem herausstürzenden Torwart vorbei mit einem herrlichen Schuß in die lange Ecke.

4:3!

Nachdem wir mit 1:3 in die Kabine gegangen waren!

Die Ungarn stürmten wieder mit aller Macht. Umsonst! Jahn hielt die unwahrscheinlichsten Bälle. Er war einfach in Bombenform! Außerdem hatte jetzt jeder in unserer Hintermannschaft die richtige Einstellung zu seinem Gegner gefunden. Ein bißchen spät zwar, aber doch nicht zu spät. Ohne uns allzusehr in die Defensive drängen zu lassen, verstärkten wir mit den Halbstürmern sogleich die Deckung, wenn es sich als notwendig erwies.

Mochten die Ungarn unser Tor auch noch so wütend berennen, auf keinen Fall war die Lage mit jener in der ersten Viertelstunde zu vergleichen, in der wir völlig durcheinandergeraten waren und keiner von uns mehr wußte, was er machen sollte. Auf einer Bank am Spielfeldrand saß Herberger mit den Ersatzleuten.

»Noch acht Minuten!« signalisierten sie.

»Noch sieben!« – »Noch sechs!«

Wir elf auf dem Rasen schöpften aus diesen Zeitansagen neue Kraft. Zwei, drei Minuten vor Schluß wechselte ich bei einem blitzschnellen Entlastungsangriff in die Mitte. Albert Sing, linker Läufer, führte den Ball, umspielte einen Ungarn und gab zu mir ab. Ich stand ungefähr in Strafraumhöhe. Ohne das Leder anzuhalten, schickte ich es mit dem rechten Innenrist wieder zu Sing, der sofort nach seinem Abspiel auf halblinker Position in den Strafraum hineingestartet war. Sing nahm den Ball mit dem linken Fuß, machte nur eine ganz kurze Drehung und schmetterte ihn mit dem rechten in die äußerste lange Ecke, knapp neben dem Pfosten ins Netz. Das war der Sieg! Wir wußten es.

Als der Schiedsrichter das Tor pfiff, lag die ganze Mannschaft auf einem Haufen übereinander. So glücklich waren wir über diesen ersten Erfolg einer deutschen Mannschaft auf ungarischem Boden.

In den letzten Minuten änderte sich nichts mehr. Mit Freudentränen in den Augen stürzten wir nach dem Schlußpfiff auf unseren Torwart Jahn zu, der uns vor so manchem Treffer bewahrt hatte, dann auch auf Hans Rohde, unseren »Turm in der Schlacht«.

Tränen der Enttäuschung gab es bei den Ungarn. Sie konnten den unglaublichen Kurswechsel des Spiels gar nicht fassen.

Wir aber fühlten uns mit einemmal auf Schultern gehoben. Deutsche Soldaten, die dem Spiel als Zuschauer beigewohnt hatten, trugen uns vom Platz. Die Ungarn waren schon nach der ersten Halbzeit in die Kabine getragen worden – zu früh! Wieder einmal hatte sich erwiesen, daß man einen Fußballsieg erst nach der 90. Minute feiern darf.

»Mensch, Kinder, so eine zweite Halbzeit!«rief Rolf Wernicke, der Rundfunksprecher, dem wir in die Arme liefen. »Ihr wißt gar nicht, was es für einen Reporter bedeutet, so etwas übertragen zu dürfen. Was hätte ich wohl in der ersten Halbzeit sagen sollen? Ich hab' schon in der Pause nicht gewußt, wie ich den

Herrschaften in Deutschland schonend beibringen sollte, was sich ereignet hat 1 : 3!«

Wir lachten über seine Aufregung.

»Na, ja«, sagten wir, »wir haben ja schließlich gewußt, daß nur die zweite Spielhälfte übertragen wird und haben uns die Geschichte entsprechend eingeteilt.«

In Wien löste sich unsere Nationalmannschaft wieder auf. Jeder fuhr zu seiner Einheit zurück.

Zwischen München und Mannheim – ich las die Zeitungsberichte über das Ungarn-Spiel – saß mir im Zugabteil ein Pater gegenüber. Er studierte eingehend das Doppelkreuz auf dem Abzeichen, das an meiner Jacke steckte.

»Was bedeutet das eigentlich?« sprach er mich plötzlich an.

»Das ist das Abzeichen des ungarischen Fußballverbandes«, sagte ich und staunte, daß sein Interesse mit dieser Auskunft nicht erloschen war.

»Ungarischer Fußballverband? Haben Sie denn damit etwas zu tun?«

»Ein bißchen schon.«

»Jetzt behaupten Sie nur noch, Sie hätten in Budapest mitgespielt und wären von der deutschen Nationalmannschaft!«

»Das darf ich ruhig behaupten«, sagte ich, »denn es stimmt.«

Der Pater fragte mich nach meinem Namen, der ihm durchaus ein Begriff war. Begeistert gratulierte er mir, und ich freute mich von ganzem Herzen, daß er sich als Geistlicher so für den Sport interessierte.

Die Fahrt verging wie im Flug. Ehe ich wußte, wie mir geschah, waren wir in Mannheim, wo ich umsteigen mußte, um über Kaiserslautern nach Frankreich weiterzukommen.

Mein Reisegefährte – Pater Barnabas – hat mich seit dieser Zeit nie mehr vergessen. Während des Krieges schrieb er mir:

»Ich schließe Sie in mein Gebet ein, damit Sie gesund bleiben!«

Auch nach dem Krieg riß die Verbindung zwischen uns nicht ab. Pater Barnabas wurde ein begeisterter Verehrer des 1. FCK und freute sich mit uns, als wir zweimal Deutscher Meister wurden. Einmal tauchte er sogar mit dem Motorrad auf, um mich zu besuchen.

In Deutschland legte man in jenen Jahren großen Wert darauf, den Spielverkehr mit dem verbündeten oder neutralen Ausland aufrechtzuerhalten. So trafen wir uns nach dem siegreichen Ungarnspiel allein 1942 noch sechsmal. Wir gewannen gegen Bulgarien, Rumänien, die Schweiz, Kroatien und die Slowakei. Nur den Schweden, die eine friedensmäßige Kondition hatten, gelang es, uns zu schlagen. Nachdem wir schon in Stockholm, wie ich bereits geschildert habe, eine 2:4-Niederlage einstecken mußten, wurden wir auch im Berliner Olympia-Stadion mit 3:2 besiegt.

Rückblickend kann ich wohl behaupten, daß das Spiel gegen die Schweiz, das am 18. Oktober 1942 in Bern stattfand, zu den schönsten der deutschen Nationalmannschaft überhaupt gezählt werden muß. Im Februar hatten wir in Wien von den Eidgenossen eine 1:2-Abfuhr bekommen. Diese Niederlage auf damals eigenem Boden wollten wir wettmachen. Ein vierzehntägiger Vorbereitungslehrgang in Ludwigsburg sollte das seine dazu beitragen.

Unsere Expedition – mit Ausnahme von Herberger lauter Soldaten in Zivil – reiste mit dem Zug nach Bern. Ich weiß noch gut, wie sehr uns das Leben in der neutralen Schweiz beeindruckte. Die Schaufenster waren voll mit all den köstlichen Dingen, die wir nur vom Hörensagen kannten.

Am Vorabend des Länderspiels besuchten wir ein Konzert und steckten zwischendurch unsere Nasen neugierig in das Berner Spielkasino. Wir mochten eine Viertelstunde lang zugeschaut haben, als schließlich Herberger jedem von uns ein paar Fränkli in die Hand drückte. In Gedanken setzten wir bereits die Franken, die wir mit diesen Franken gewinnen wollten, in Schokolade und Kaffee um. Fehlte es uns an Glück oder an Erfahrung: Nach kurzer Zeit waren wir unser Geld wieder los. Nur Hanreiter, der als Ersatzmann dabei war und früher als Profi in Frankreich gespielt hatte, fand sich auf dem Roulettetisch gut zurecht. »Pepperl«, wie wir ihn nannten, vervielfachte sein Kapital und hatte am Schluß fast hundert Franken zusammen.

Wir hofften, daß unser Einsatz am nächsten Tag gewinnbringender sein würde...

Im Wankdorf-Stadion lief alles so, wie Herberger es wollte. Unsere ganze Manschaft – *Jahn; Janes, Miller; Kupfer, Rohde, Sing; Lehner, Fritz Walter, Willimowski, Klingler, Urban* – harmonierte prächtig. Wir zogen ein Spiel auf, das, abgesehen von unserem 7:0-Sieg über Ungarn, mit zu den besten gehörte, die ich bis zu diesem Zeitpunkt mitgemacht hatte.

Nach dem Anpfiff des spanischen Schiedsrichters Petro Escardin dauerte es etwa zehn Minuten, bis wir den ersten Treffer erzielten. Eine Steilvorlage war zu »Schlitzohr« Willimowski gekommen. Und dann sah ich, was sowohl dem Schiedsrichter als auch den Zuschauern entgangen sein dürfte: der Schweizer Verteidiger Minelli versuchte, unseren Mittelstürmer an der Hose festzuhalten. Schlitzohr riß sich blitzschnell los und zog nun seinerseits Minelli am Trikot etwas zurück. Nach dieser nicht ganz stubenreinen Tuchfühlung lief Ernst ungehindert mit dem Ball aufs Schweizer Tor zu und schob das Leder in aller Seelenruhe an dem herausstürzenden Torwart Ballabio vorbei in den Kasten. In aller Seelenruhe. Das ist nicht übertrieben. Wie mancher Stürmer wird nervös, wenn er allein das Tor ansteuert! Wie viele todsichere Bälle werden aus Nervosität verschossen. Schlitzohr hingegen blieb in solchen Fällen eiskalt. Wir führten also 1:0!

Damit wir nicht übermütig wurden, sorgten die Schweizer schon wenige Minuten später für den Ausgleich. Bickel, der Schweizer Altinternationale, hatte nach einem Einwurf den Ball erhalten und schoß ihn unhaltbar für Jahn zum 1:1 ein.

Fast eine Viertelstunde lang hielten sich die Kräfte der Schweizer und der deutschen Elf die Waage. Mag sein, daß unser Gegner eine leichte Feldüberlegenheit hatte – sie reichte nicht aus, um uns in ernstliche Verlegenheit zu bringen.

Wir mochten etwa eine halbe Stunde gespielt haben, als ich Willimowski mit einer abgezirkelten Vorlage bediente. Schlitzohr hatte seine Nerven bereits wieder abgetötet und erzielte aus halbrechter Position unser zweites Tor.

Es rentiert sich fast nicht, 2:1 zu schreiben, denn die Schweizer glichen sozusagen postwendend aus: nach einem Freistoß köpfte Amado zum 2:2 ein.

Wir belagerten jetzt pausenlos das gegnerische Tor, erreichten aber vorläufig nicht mehr als eine Reihe von Ecken. In dieser

Periode der Überlegenheit erzielte Willimowski seinen dritten Treffer – der aufmerksame Señor Escardin hatte aber vorher bereits abseits gepfiffen.

Und doch wischten wir den Schweizern kurz vor der Halbzeit noch eins aus!

Urban trat einen Eckball von links, der zwischen der Elfmetermarke und der Strafraumgrenze herunterkam. Torwart Ballabio verließ sein Gehäuse – eine sehr riskante Angelegenheit –, um den Ball wegzufausten. Bevor er das Leder erreichte, konnte ich es in Richtung auf das von den zwei Verteidigern bewachte Tor köpfen. Schlitzohr stand drei Meter davor, den zwei Abwehrspielern zwischen den Pfosten den Rücken zugewandt. Er nahm den aufspringenden Ball an und schoß ihn in einer Drehung nach rechts zwischen den überrumpelten Verteidigern hindurch ins Netz.

3 : 2!

Ernst Willimowski hatte den Hattrick erzielt. Drei Tore hintereinander! Ein seltenes Ereignis in einem Länderspiel!

Noch während der stürmischen Gratulation versprachen wir ihm die Belohnung, den »Heiligen Geist«.

Die drei Tore, die wir beruhigt mit in die Kabine nahmen, verdankten wir also im wesentlichen der Tatsache, daß unser Mittelstürmer an diesem Tag in Höchstform war. Natürlich darf man nicht vergessen, daß Tore nur das Pünktchen auf dem »i« sind. Darum muß ich gerechterweise nicht nur den dreifachen Torschützen loben, sondern die ganze Mannschaft, die sich in den ersten fünfundvierzig Minuten zu einer harmonischen Leistung zusammengefunden hatte.

Nach einer Halbzeit hat man aber noch keinen Grund, sich auf seinen Lorbeeren auszuruhen.

Willimowski hatte noch immer nicht genug. Zwölf Minuten mochten wir wieder gespielt haben, als er nach einer Vorlage von mir einen Bombenschuß in die kurze Ecke des Schweizer Tores schmetterte. Das Leder streifte die Querlatte und sprang von dort ins Netz. Ein wunderbarer Treffer. 4 : 2 stand es jetzt. Und alle vier Tore hatte Schlitzohr geschossen!

Wir glaubten fest daran, uns mit diesem Vorsprung die Entscheidung gesichert zu haben. Doch als Kappenberger, der wendige Schweizer Linksaußen, den Ball an dem herausstürzenden Jahn vorbei zum 4:3 in unseren Kasten setzte, wirkte das Torverhältnis gleich weniger beruhigend. Vor allem das Schweizer Publikum, das unsere Tore verständlicherweise ohne besondere Begeisterung quittiert hatte, ging noch einmal aus sich heraus.

»Hopp Schwyz! Hopp Schwyz!« tönte es im Chor von den Rängen. Die Hoffnung auf ein Unentschieden lag schließlich in der Luft.

Klar, daß die Eidgenossen ihre Mannschaft siegen sehen wollten. Doch mit der Zeit machte sich auch objektive Freude an dem schönen Spiel bemerkbar, das beide Teams auf dem Rasen servierten. Niemand konnte an diesem Tag behaupten, für sein Eintrittsgeld nicht guten Fußball gesehen zu haben.

Ungefähr zehn Minuten vor Schluß gelang es mir, mich an zwei, drei Schweizern vorbeizuschlängeln. Da mir die Gelegenheit günstig schien, wagte ich es, aus achtzehn oder zwanzig Metern auf das Tor zu dreschen. Der Ball streifte den Pfosten, und Tormann Ballabio vermochte nicht, ihn zu halten.

5:3!

In den allerletzten Minuten spielten wir noch ein paar große Chancen heraus. Doch einmal bewahrte die Latte, ein andermal Ballabio die Schweizer vor weiteren Treffern.

Als Schiedsrichter Escardin das Spiel abpfiff, konnten wir sicher sein, für den deutschen Sport eine gute Visitenkarte in der Schweiz hinterlegt zu haben.

Das neutrale Land dankte uns mit friedensmäßiger Bewirtung. Wir alle waren, auch wenn wir in Zivilanzügen steckten, Soldaten. Vor uns lag der realistische Alltag an den Fronten.

Herberger, der ein feines Gefühl dafür hatte, was uns diese wenigen unbeschwerten Stunden bedeuteten, schickte uns nach dem abendlichen Bankett nicht wie sonst gleich in die Betten. Obwohl wir am andern Tag um sechs Uhr geweckt werden sollten, um eine Fahrt auf das Jungfraujoch anzutreten, drückte er beide Augen zu, als es ausnahmsweise spät wurde.

Heute noch erzählt er mit Schmunzeln:

»Als ich um sechs Uhr früh zum Wecken herunterkam, hörte ich aus der Bar Singen und Musik. Drei Mann saßen noch auf den Barhockern, und einer von ihnen war unser guter Allan Urban, der bekannte Linksaußen von Schalke 04, der wenige Monate später gefallen ist. Er rutschte verschämt auf seinem Hocker hin und her und wollte mir weismachen, daß er etwas früher aufgestanden und von der Musik in der Bar angezogen worden sei.«

Herberger aber hatte nur gelacht.

»Das macht doch nix, Allan. Was spielt das jetzt schon für eine Rolle: Machen Sie sich frisch. Um sieben Uhr ist Abmarsch zur Jungfrau!«

Anschließend hatte der Reichstrainer die Runde durch sämtliche Zimmer gemacht, um uns zu wecken. Als wir um halb sieben zum Frühstück versammelt waren, fehlte niemand außer Schlitzohr.

»Da müßt ihr mir mal behilflich sein«, sagte Herberger. »Der Ernst liegt in seinem Bett, und ich krieg' ihn einfach nicht wach.«

Die ganze Meute stürmte nach oben. Da lag der Gute in den Federn und rührte sich nicht. Alles Rütteln und Schütteln blieb zwecklos. Als wir ihm die Bettdecke wegzogen, sahen wir, daß er noch Hemd und Krawatte anhatte. Schlitzohr mußte aus Freude über seine vier Tore einen Tropfen mehr getrunken haben, als ihm guttat. Was sollten wir mit ihm anstellen?

»Wasser!« Das Stichwort war gefallen.

Wir stürmten in unsere Zimmer und holten die Zahnputzgläser. Dann tauften wir den Schläfer nach allen Regeln der Kunst. Doch Schlitzohr machte nur »brrr! brrr! brrr!« Schließlich sperrte er mühsam die Augen auf. Wir wollten ihn noch schnell trockenlegen. Einer zerrte an der Krawatte – der nasse Knoten zog sich zu und war nicht mehr aufzubringen. Das Ende vom Lied war: wir mußten den Schlips abschneiden. Dieses Manöver und eine Tasse Kaffee machten Willimowski schließlich endgültig munter.

Als ich wieder in Frankreich bei meinem Truppenteil eintraf, konnte ich den Kameraden nicht genug von den Erlebnissen in der Schweiz erzählen. So war es immer, wenn ich zurückkam.

Die Länderspiele gegen Kroatien und die Slowakei im November 1942 sollten die letzten sein, von denen ich ihnen berichten konnte. Die Lage an den Fronten spitzte sich zu, und Herberger hatte strikte Anweisung, uns nach dem Treffen in Preßburg direkt zu unseren Einheiten zurückzuschicken.

Die Nationalmannschaft war damit praktisch aufgelöst.

Hans Rohde, der in Preßburg sein fünfundzwanzigstes Länderspiel bestritt, erhielt nach dem abendlichen Bankett die goldene Ehrennadel des DFB. Ich selbst hatte an diesem Tag zum vierundzwanzigstenmal das Nationaltrikot getragen.

»Hätte ich nicht auch mein fünfundzwanzigstes feiern können?« sagte ich ein bißchen wehmütig zu Herberger. Er klopfte mir auf die Schulter:

»Fritz, das ist doch nicht so schlimm! Sie machen Ihr fünfundzwanzigstes Länderspiel und noch fünfundzwanzig dazu!«

»Ja, wenn der Krieg nicht wäre...«

ZWISCHEN KRIEG UND FRIEDEN

Von meinem Truppenteil in Frankreich wurde ich zum Ersatzbataillon nach Diedenhofen versetzt. Von dort ging es ohne große Verzögerung über Bitsch nach Sardinien.

Fußball und Sport schienen mit einemmal in weite Ferne gerückt. Der Sommer des Jahres 1943 verging; meine Einheit verließ Sardinien, wurde vorübergehend nach Korsika verlegt, um schließlich auf Elba neue Stellungen zu beziehen.

Eines schönen Tages wurde ich zu meinem Kompaniechef befohlen.

»Obergefreiter Walter«, fragte er, »haben Sie besondere Verbindungen zum OKW?« Er spielte vielsagend mit einem Schrieb, der vor ihm auf dem Tisch lag.

Ich hatte weder Beziehungen noch eine Ahnung, was er von mir wollte.

»Sie sind mit sofortiger Wirkung zur Luftwaffe versetzt!«

Ohne die Zusammenhänge zu begreifen, setzte ich mich Anfang Dezember nach Jever bei Wilhelmshaven zum Jagdgeschwader 11 in Marsch. Ich hatte keine Ahnung, wem ich diesen zur damaligen Zeit bereits raren Wechsel von der Infanterie zur Luftwaffe verdankte.

Als ich mich auf dem Flugplatz meldete, schaute mich der Wachhabende kurz an und sagte:

»Ach ja, Sie kommen zu Major Graf!«

Major Graf? Jetzt wurde mir zwar noch nicht alles klar, aber immerhin ging mir ein kleines Licht auf: Als wir 1942 zum Länderspiel in die Schweiz fuhren, hatten wir in Singen Station gemacht. Dort tauchte plötzlich der nach über zweihundert Abschüssen mit dem Ritterkreuz mit Brillanten ausgezeichnete Major Graf auf. Herberger, der den Major als Schüler in einigen Lehrgängen gehabt hatte, machte uns mit ihm bekannt.

Dieser Major Graf nun hatte sich in den Kopf gesetzt, eine starke Soldatenmannschaft auf die Beine zu stellen. Er brachte es tatsächlich fertig, nicht nur mich, sondern auch Eppenhof,

Hanreiter, Moog und andere Fußballspieler von ihren Truppenteilen loszueisen und in sein ruhmreiches Geschwader versetzen zu lassen. Sehr zur Freude von Herberger, der uns vier Nationalspieler nun in guten Händen wußte, war ich also zu den »Roten Jägern« gekommen.

In den nächsten Wochen spielten die »Roten Jäger«, die im deutschen Fußball ein Begriff waren, siegreich gegen zahlreiche Mannschaften. »›Rote Jäger‹ legen Gaumeister um«, hieß eine der Überschriften in den Zeitungen.

Zu den Spielen, die ich nie vergesse, gehört eines, das wir auf die leichte Schulter nahmen: die Begegnung mit den Bückeburger Jägern in Bückeburg. Daß Hanreiter auf Urlaub war und wir außerdem einen neuen Torhüter hatten, hielten wir nicht für sonderlich tragisch.

Ort der Handlung war ein »schöner«, tiefer Sandplatz. Die Zuschauer schätzten wir auf zehn- bis fünfzehntausend. Wir hatten in den ersten zehn Minuten ein paar schöne Chancen, nutzten sie aber nicht, und plötzlich stand es 1:0 für die anderen. Jetzt wird es Zeit! dachten wir, da hieß es auch schon 2:0!

»Nanu, jetzt aber ran!«

Ergebnis: 3:0! Alles für Bückeburg! Die Zuschauer, die mit einer glatten Niederlage ihrer Mannschaft gerechnet hatten, wurden rein verrückt vor Freude.

Wir schauten uns bestürzt an, und Hauptmann Eppenhof, dem die Sache zu bunt wurde, brüllte über den Sandkasten:

»Friedrich…!«

Das war das erstemal, daß mich einer meiner Fußballkameraden »Friedrich« nannte. Und nur deshalb, weil ich später beim 1. FCK von diesem Verzweiflungsschrei Eppenhofs erzählte, ist mir der Name im Kreis meiner Kameraden geblieben.

»Friedrich.. .!« also brüllte Eppenhof in Bückeburg, und wir gaben uns alle Mühe, umzuschalten.

Wir schafften auch das 3:1. Doch als wir glaubten, der Wendepunkt sei gekommen, wurde ein etwas zweifelhafter Elfmeter gegen uns verhängt.

4:1!

Wir waren anscheinend immer noch nicht richtig wach. Bald kam das 5:1. Das Stadion stand kopf, als wir mit diesem haarsträubenden Ergebnis verdattert in die Halbzeit gingen.

Wir machten uns selten in der Kabine Vorwürfe, doch diesmal ging es hoch her. Die Hintermannschaft schimpfte auf uns Stürmer. Wir ließen uns das natürlich nicht bieten und gaben heftig contra. Es war ein Mordstheater und eine aufgeregte Schreierei. Um der Sache ein Ende zu bereiten, verschaffte ich mir Gehör.

»Nun hört mal zu! Wir gehen jetzt raus und versuchen, sofort den Anschluß zu schaffen. Gelingt uns das nicht, sondern kriegen wir das sechste Tor rein, dann schmeißen wir eben das Handtuch; dann werden wir Stürmer der Hintermannschaft beweisen, daß sie schlecht gespielt hat.«

»Wie stellst du dir das vor, Fritz?«

»Kriegen wir das sechste Ding rein, gehen wir vom Sturm nach hinten, und die Hintermannschaft stürmt!«

Ein rabiates und meines Wissens noch nie angewandtes Rezept! Im Augenblick erschien es als die plausibelste Lösung, unsere gegenseitige Schimpferei einzustellen.

Mit der festen Absicht, meinen Vorschlag in die Tat umzusetzen, gingen wir wieder in die Sandwüste.

In den ersten Minuten sah es so aus, als ob wir wirklich zum totalen Stellungswechsel blasen müßten. Als einer der Bückeburger drei, vier Meter vor unserem Kasten auftauchte, dachte ich: jetzt kommt das 6:1! Doch mit der besten Parade des ganzen Spiels sicherte sich unser Schlußmann das Leder. Im Gegenangriff gelang uns das zweite Tor.

Es wurde also nichts mit dem Austausch Stürmer – Verteidiger! Und es wurde auch nichts mit einem Sieg der Bückeburger! Innerhalb von zehn Minuten hatten wir die Sache mit den Toren wieder in Ordnung gebracht. Spielstand: 5:5!

Es war weiß Gott keine Kleinigkeit, auf dem schweren Sandboden diese Wendung herbeizuführen. Um den staunenden Zuschauern zu beweisen, was in Wirklichkeit in den »Roten Jägern« steckte, zogen wir blitzschnell auf 7:5 davon.

Das 1:5 hatten wir in ein 7:5 korrigiert! Die Bückeburger waren zwar überrumpelt worden, aber sie gaben das Rennen nicht auf. Mit ihrem Anschlußtreffer auf 7:6 jagten sie uns noch einmal einen ganz gehörigen Schrecken ein. In den letzten Minuten machte ich einen Alleingang. Als ich wenige Meter vor dem Tor den Ball vom Fuß springen ließ, tauchte plötzlich Eppenhof neben mir auf und klärte die Sachlage mit einem achten Tor.

Mit 8:6 gingen wir in die Kabine. Dort herrschte – wie es sich gehört – alsbald wieder eitel Sonnenschein.

Lagerpolizei gegen Lazarett

Ich will in diesem Buch nicht über mein Leben schreiben und mich auch nicht als Chronist des Zweiten Weltkrieges aufspielen. Ich möchte »unsportliche« Ereignisse nur streifen, sooft die Brücke von einem unvergeßlichen Spiel zum anderen geschlagen werden muß.

Am 8. Mai 1945 kamen wir – die komplette Mannschaft der »Roten Jäger« – auf böhmischem Boden in amerikanische Kriegsgefangenschaft. Trotz allem, was wir in den letzten schicksalsschweren Kriegsmonaten durchgemacht hatten, ließen wir die Köpfe nicht hängen, sondern spielten auf einer großen Wiese bereits wieder Fußball. Amerikanische Benzinkanister markierten die Tore.

Vierzehn Tage mochten vergangen sein, als sich eines Morgens im Lager wie ein Lauffeuer die Nachricht verbreitete, daß uns die Amerikaner an die Russen ausliefern wollten. Keiner konnte es glauben, doch wir wurden tatsächlich auf unsere eigenen Lastwagen verfrachtet und fuhren unter starker Bewachung los. Ostwärts!

Im russischen Gefangenenlager Budweis, wo wir uns schließlich wiederfanden, war noch die ganze Mannschaft zusammen. Wir wollten unter allen Umständen versuchen, auch weiterhin beieinander zu bleiben.

Da bekam ich einen schweren Malariarückfall und mußte ins Lazarett. Als ich endlich entlassen wurde, waren die »Roten Jäger« längst in das Innere der Sowjetunion abtransportiert.

Es traf mich schwer, daß ich den bitteren Weg in die russische Gefangenschaft ohne einen Freund fortsetzen mußte. Zusammen mit unbekannten Kameraden kam ich in einen Güterzug. Keiner wußte, wohin es ging.

Sechzehn volle Tage waren wir unterwegs. Tagsüber war es drückend heiß, und nachts quälte uns die Kälte. Die Fahrt ging über Wien, Preßburg, Budapest – Stationen, die ich als Fußballspieler in glücklicheren Tagen kennengelernt hatte.

In Mármaros Sziget, einer rumänischen Stadt an der karpatho-ukrainischen Grenze, wurden wir endlich ausgeladen.

In Mármaros Sziget war Durchgangslager. Hier endete die Normalspur-Eisenbahn. Auf breiter Spur sollte es in ein paar Tagen weitergehen, nach Rußland hinein.

In der Zwischenzeit wurden wir entlaust, bekamen die Glatzen frisch poliert und konnten Verpflegung fassen. Ich hatte mich auf der Fahrt an ein paar meiner neuen Kameraden angeschlossen. Wir wollten auf jeden Fall versuchen, nicht getrennt zu werden. Das unergründliche Schicksal bestimmte es anders.

Wir wurden zum Weitertransport in Hundertschaften zusammengefaßt. Meine fünf Freunde erhielten die Nummern 96, 97, 98, 99 und 100 einer Gruppe, die noch am selben Abend abgeschoben wurde. Ich erhielt, da ich bei der Einteilung direkt hinter ihnen stand, die Nummer 1 der nächsten, im Augenblick noch nicht vollzähligen Hundertschaft. Da für unseren Schub nur noch fünfunddreißig Mann übrigblieben, wir also mindestens einen Tag auf Neuankömmlinge warten mußten, schickte man uns in eine Ecke des Kasernenhofs, über dem glühend die Sonne stand. Wir waren hoffnungslos niedergeschlagen.

Die Stunden schlichen dahin. Es wurde Abend. Ich traute meinen Augen nicht, als fünf Mann von der Lagerpolizei, die zum größten Teil aus gefangenen Slowaken und Ungarn bestand, mit einem Fußball in unmittelbarer Nähe von uns auftauchten. Sie warfen zwei Mützen auf den Boden und fingen an, auf das improvisierte Tor zu schießen. – Fußball!

Ich fühlte mich magisch angezogen. Müde und abgekämpft wie ich war, schlich ich mich etwas näher, während meine Kameraden ungerührt sitzen blieben. Fasziniert starrte ich auf den Ball, in meinen Beinen zuckte es. Zögernd stellte ich mich zwischen drei, vier Mann, bekam das Leder auch einmal, gab ab, bekam es wieder und schoß mit meinen schweren Kommißstiefeln auf das Tor. Die Berührung mit dem Ball hatte wie ein elektrischer Funke gewirkt. Ich vergaß alles um mich herum, ließ das Leder von einem Fuß auf den anderen tanzen, vom Kopf zum Knie, dann schoß ich zwischen die Mützen. Ich wußte in diesem Augenblick noch nicht um welchen Einsatz ich spielte. Erstaunt richteten sich die Augen der inzwischen immer zahlreicher gewordenen Spieler auf mich.

Plötzlich sprach mich einer der Lagerpolizisten, ein Slowake, von dem ich später erfuhr, daß er Josef hieß, in gebrochenem Deutsch an.

»Du auch Fußballspieler?« fragte er.

Ich nickte.

»Dann spiel' mit!«

»Das geht doch nicht«, wehrte ich ab. »Ich gehöre zu den Gefangenen da hinten.«

»Macht nix«, meinte der Slowake, »ihr fahrt erst morgen oder übermorgen.«

Ich war unschlüssig. Da tauchte ein gefangener ungarischer Hauptmann auf. »Mach mit!« sagte er.

»Los, mach mit!« Josef ließ nicht locker.

Inzwischen waren zwei komplette Mannschaften versammelt. »Lagerpolizei« und »Lazarett«. Übermüdet von der endlosen Bahnfahrt hätte ich mit schweren Kommißstiefeln eine traurige Partie geliefert. Da fiel mir ein, daß ich meine Sportsachen von den »Roten Jägern« noch im Gepäck hatte, vor allem ein paar Turnschuhe. Ich rannte in die Ecke, wo die anderen saßen.

»Was hast du denn vor?« fragten sie.

»Ich spiel' ein bißchen Fußball mit.«

»Mensch, du bist ja wohl verrückt«, tippten sie auf die Stirn, »nichts Richtiges im Magen... Willst du dich denn mit Gewalt kaputt machen?«

»Ist mir alles egal«, rief ich ihnen zu und vertauschte meine Knobelbecher mit den Turnschuhen. Dann lief ich zurück und wurde bei der in roten Hosen spielenden Lagerpolizei im Sturm aufgestellt. Die ersten zehn Minuten fielen mir ziemlich schwer, war ich doch reichlich weich in den Knien. Aber schließlich machte mir die Geschichte Spaß. Ich umspielte mehrere Gegner, zeigte ein paar Kunststückchen und schoß Tore. Das mittlerweile beinahe vollzählig versammelte Stammpersonal des Lagers klatschte begeistert Beifall.

Als der Halbzeitpfiff ertönte, stürzte alles auf mich zu, auch meine Kameraden aus der Kasernenhofecke.

»Wer bist du und woher kommst du?« bedrängten mich die Ungarn und Slowaken.

»Ich bin aus Kaiserslautern«, antwortete ich wahrheitsgemäß, doch darunter konnten sie sich nichts vorstellen.

»Ich habe schon öfter in der deutschen Nationalmannschaft gespielt.«

Deutsche Nationalmannschaft? Damit wußten sie schon eher etwas anzufangen. Zufällig waren auch ein paar Ungarn da, die 1942 das dramatische 5:3-Spiel in Budapest gesehen hatten. Als sie meinen Namen hörten, waren sie sofort im Bilde und machten ein Mordshallo.

Die zweite Halbzeit, die ich vor vielen kritischen Augen ebensogut bestand wie die erste, war kaum abgepfiffen, als der Slowake Josef auf mich zustürzte und verkündete:

»Du nicht weg mit Transport!«

»Das bringen wir schon in Ordnung«, versprach der Torwart, der in der Lagerschreibstube beschäftigt war. »Das mach' ich mit Hauptmann Schukow aus.«

Sie ließen mich nicht mehr los. Der eine holte meine Uniform, der andere belud sich mit meinem Gepäck.

»So, jetzt komm erst mal essen!«

Ich fühlte mich wie vor den Kopf geschlagen. Wie sollte ich so schnell fassen, daß durch ein Fußballspiel eine so unglaubliche Wendung eingetreten war: Durch ein Fußballspiel, von dem ich heute nicht einmal mehr das Ergebnis weiß?

Nachdem ich mich sattgegessen hatte, ging ich zu den Kameraden zurück, die viel zu müde waren, um sich über mein Verschwinden oder über sonst was zu wundern.

»Was soll ich nur tun?« fragte ich sie.

»Das ist eine einmalige Chance für dich«, sagten sie neidlos. »Du wärst schön dumm, wenn du nicht zupackst! Wahrscheinlich sehen wir uns irgendwann in Sibirien wieder, auf jeden Fall hast du dann schon ein paar Tage oder Wochen gewonnen.«

Schweren Herzens trennte ich mich von ihnen und legte mich auf die Pritsche, die mir die Lagerpolizei im Wachhaus zugewiesen hatte. Am anderen Morgen schleiften sie mich zum Lagerkommandanten, dem russischen Hauptmann Schukow, dem sie wahre Wunderdinge über mich erzählten.

»Er muß hierbleiben«, beschworen sie ihn.

So kam es, daß die Nummer 1 aus der Hundertliste des nächsten Transportes gestrichen und dem Wachpersonal zugeteilt wurde. Dort hatte ich aber nichts zu tun, nichts – außer jeden Abend Fußball zu spielen. So allmählich fing die Wachmannschaft an, unter meiner Leitung zu trainieren. Schukow – das war letzten Endes meine Rettung – war selbst begeisterter Fußballanhänger. Er ließ in seiner Freude über unsere wachsende Spielstärke Hosen und Trikots anfertigen, besorgte Fußballschuhe und Strümpfe. Und wir taten ihm den Gefallen, von ein paar Spielen gegen rumänische Vereine mit Siegen ins Lager zurückzukehren.

»Carascho! Soll bleiben!«

Laufend trafen inzwischen Transporte mit Kriegsgefangenen in Mármaros Sziget ein. Ich trieb mich unauffällig zwischen ihnen herum, um nach Bekannten Ausschau zu halten, und einmal entdeckte ich auch wirklich ein paar Kaiserslauterer.

Als ich etwa acht Tage im Lager war und wieder einmal die Neuankömmlinge musterte, gab es mir plötzlich einen Stich.

Da stand ... nein, unmöglich ... und doch mußte er es sein: mein Bruder Ludwig! Er drehte den Kopf weg. Als ich ihn endlich von der Seite sah, glaubte ich in ein fremdes Gesicht zu blicken. Aber als er sich mir voll zuwandte, war ich meiner Sache sicher: »Lud!« – »Fritz!«

In Krakau hatten wir uns Ende 1944 zum letztenmal gesehen, jetzt schrieben wir Juni 1945...

»Vielleicht kann ich etwas für dich tun«, überlegte ich nach dem ersten Freudenausbruch und raste los. Ich lief zu Lokoida, der die rechte Hand des Lagerkommandanten war und bei uns Rechtsaußen spielte, raste weiter zu Josef, dem Slowaken.

»Mein Bruder ist da«, sprudelte ich heraus. »Was kann ich für ihn tun?«

Sie gingen gleich mit mir zu unserem Torwart, der auf der Schreibstube saß.

»Kann er Fußball spielen?« lautete die erste Frage.

»Ja«, sagte ich.

»So gut wie du?«

»Gut genug!«

»Carascho«, riefen sie und eilten zu Hauptmann Schukow.

»Bruder von Fritz Walter ist im Lager«, teilten sie ihm mit »Zwei Walter!«

»Ist das auch ein Fußballspieler?« fragte Schukow prompt.

»Ja!«

»Carascho! Soll bleiben!«

Ludwig bekam eine Pritsche neben mir. Es war eine unwahrscheinliche Fügung, und wir redeten die ganze Nacht darüber. Am nächsten Tag schon spielte mein Bruder mit.

»Carascho! Gut!« lautete das Urteil über ihn. Selbst Schukow war zufrieden.

Aus irgendeinem Grund wurden die Transporte nach Rußland im Lager gestoppt. Es sammelten sich etwa 30 000 bis 40 000 Mann an. Wenn wir jetzt abends auf dem Kasernenhof spielten, sahen uns viele deutsche Kameraden zu, es waren sogar Spieler aus Gauligamannschaften dabei. Auch sie konnten den Ball nicht sehen, ohne daß es sie in den Beinen juckte. Sie stellten eine eigene Mannschaft auf und spielten gegen uns.

Eines Tages wurden wieder einmal alle untersucht und in Gruppen eingeteilt. Österreicher, Saarländer, Franzosen, Luxemburger wurden angeblich zur Entlassung abgesondert. Die Deutschen sollten weiter nach Rußland transportiert werden.

»Kaiserslautern, von wem ist das besetzt?« fragten unsere Beschützer von der Lagermannschaft.

»Von Franzosen.«

»Carascho! Gut, dann ihr Franzosen!«

»Nix Franzos«, wehrten wir uns. »Wir sprechen doch kein Wort Französisch.«

»Machen wir schon«, sagten Josef und Lokoida.

Der Torwart der Lagermannschaft führte die Liste mit den Namen all derer, die heim durften. Unsere Namen kamen auf die Franzosenliste. Wir schliefen keine Nacht mehr. Sollten wir der Tatsache, daß wir Fußballspieler waren, etwa das unwahrscheinliche Glück verdanken, jetzt entlassen zu werden?

»Mach dich doch nicht verrückt«, schimpfte mein Bruder, der ein weit größerer Fatalist ist als ich. »Wie's kommt, so kommt's!«

Eines Tages endlich gingen die Transporte los. Entlassungen nach Ungarn, Rumänien, der Slowakei und Österreich. Weiterfahrt der Deutschen in die unendlichen Weiten Sibiriens und andere Teile des Riesenreiches Rußland. Die Gruppen, die sich vor dem Lagerausgang nach rechts wandten, marschierten zur Breitspurbahn – Richtung Osten. Diejenigen, die nach links abbogen zur Normalspur, fuhren in die Heimat. Schukow hatte inzwischen die Fußballmannschaft aufgelöst. Als er davon hörte, daß wir zwei Walter auf der Franzosenliste standen, grinste er breit. Ihm sollte es recht sein! Dabei wußte er bestimmt, daß wir Deutsche waren.

Ein russischer Leutnant und ein Soldat leiteten unseren Transport. Wir fuhren acht Tage lang und kamen dann nach Bukarest. Dort überfiel mich eine ruhrähnliche Erkrankung. Das fehlte noch! Wenn sie davon etwas merkten, würden sie mich sofort in ein Lazarett stecken, und dann flöge der Schwindel auf: ein »Franzose«, der nicht französisch spricht! Soweit durfte es nicht kommen! Mit Todesverachtung schluckte ich selbstgemachte Holzkohle.

Der Leutnant, der für uns verantwortlich war, ging in Bukarest los und kam lange nicht zurück. Als er abends endlich wieder eintraf, sagte er zu unserem lähmenden Entsetzen:

»Wir sind fehlgeleitet! Zurück ins Lager!«

Im Moment glaubte ich, mir schlüge jemand mit einem Holzhammer vor die Stirn.

Das Lager war so gut wie aufgelöst, als wir dort wieder eintrafen. Wir warteten, warteten und wurden zum Arbeiten eingeteilt. Die Aussicht heimzukommen sank auf den Nullpunkt.

Als wir endlich nach acht qualvollen Tagen der Ungewißheit zum Abmarsch kommandiert wurden, schwenkten wir vor dem Tor nach rechts: Breitspur, Rußland! Fünf oder sechs Posten mit Maschinenpistolen begleiteten uns.

»Jetzt ist es passiert«, sagte ich zu Ludwig. Ich war völlig fertig. Plötzlich Geschrei, Durcheinander. Ich sah einen russischen Offizier lachen, unbändig lachen. Er konnte sich nicht genug an unseren schreckensbleichen Gesichtern weiden.

»Links schwenkt, marsch!«korrigierte er endlich den irrtümlich gegebenen Befehl. Diese drei Worte aber bedeuteten nicht mehr und nicht weniger, als daß uns lange und bittere Jahre der Gefangenschaft erspart blieben.

Weil es über die Grenzen, über Krieg und Feindschaft hinweg Menschen gab, die den Sport über alles stellten, wurde uns die Freiheit geschenkt. Wen wundert es, daß meine Liebe zum Fußballsport dadurch, wenn möglich, noch größer wurde?

ZUM ERSTEN MAL IM ENDSPIEL

In meiner Vaterstadt begann ich – kaum daß ich einigermaßen zur Besinnung gekommen war – den 1. FCK systematisch wieder aufzubauen. Ich faßte alles zusammen, was an Talenten vorhanden war und fing ein zielbewußtes Training an. Grundlage der Aufbauarbeit mußte die Kameradschaft werden. Ich weiß nicht, ob wir es ohne sie zu unserer Spitzenleistung im deutschen Fußball gebracht hätten...

Während die meisten Vereine unentwegt Spiele abschlossen, mieden wir einmal wochenlang jeden Gegner. Da unser eigener Platz, der Betzenberg, damals von den Franzosen beschlagnahmt war, übten wir auf den VfR-Platz, dem Erbsenberg, unermüdlich Kombinationszüge, Stellungswechsel, Querpässe und alles, was ein guter Fußballspieler beherrschen muß.

Wenn ich damals zur Mannschaft sagte:

»Am Dienstag oder Donnerstag ist Training, egal...« – »...was für Wetter ist!« beendeten sie dann im Chor den stereotypen Satz. Und sie kamen wirklich alle, bei jedem Wetter.

Als wir endlich glaubten, genügend vorbereitet zu sein, traten wir gegen einen Pfälzer Verein an – und es gab gleich eine Sensation: wir schossen nicht weniger als sechzehn Tore.

»Wie habt ihr das bloß gemacht?« fragten uns die Zuschauer.

»Trainiert haben wir! Immer wieder trainiert!«

Wie oft habe ich in dieser Zeit als Trainer unseren Spielern und vor allem der Jugend eingehämmert, daß Fußball ein Mannschaftsspiel ist! Daß es nicht darauf ankommt, als Ballartist zu glänzen, sich nach außen in den Vordergrund zu drängen, sondern einzig und allein darauf, dem Spielfluß dienlich zu sein. Es ist im Grunde völlig unwesentlich, *wer* die Tore schießt, entscheidend ist nur, *daß* sie geschossen werden. Ganz zu Unrecht überschüttet man die Torschützen oft allein mit Lobeshymnen. Wer vom Fußball wirklich etwas versteht, weiß, daß der Verteidiger einen ebenso großen Anteil am Sieg hat wie meinetwegen der Mittelstürmer, der das entscheidende Tor schießt.

Mir persönlich schwebte bei allen Vorstellungen von einem qualifizierten Verein Schalke 04 vor Augen, die beste deutsche Mannschaft, die es meines Erachtens gegeben hat. Der Schalker Kreisel ist ein Begriff für jeden Fußballfreund. Er ist das klassische Beispiel dafür, wie man aus einer eleganten Kombination heraus zwingend Tore schießt.

Langsam aber sicher rückten wir mit unserer zielstrebigen Aufbauarbeit in den Blickpunkt der Öffentlichkeit. Als ich 1945 aus der Gefangenschaft nach Hause kam, waren Baßler, Kohlmeyer, Werner und Ernst Liebrich schon in Kaiserslautern. Ottmar, mein Bruder, kam ein Jahr später.

Der Durchbruch gelang dem 1. FCK 1947/48, als wir in der französischen Zone Meister wurden und uns für das erstmals wieder stattfindende Endspiel um die Deutsche Fußballmeisterschaft qualifizierten. Da die Sowjetzone und das Saargebiet keine Vertreter schicken konnten, blieb es bei einer Auseinandersetzung zwischen den drei westlichen Besatzungszonen. Die Spiele wurden im K.o.-System ausgetragen. Nach Siegen über 1860 München und TuS Neuendorf standen wir im Finale am 10. August 1948 dem 1. FC Nürnberg gegenüber, dem sechsfachen Deutschen Meister. Das Spiel fand in Köln statt.

Unsere Mannschaft war, als wir in Bonn Quartier bezogen, sehr ruhig. Wir hatten nichts zu verlieren, aber alles zu gewinnen. Für uns war es doch schon ein enormer Erfolg, zum ersten Mal in das Endspiel vorgestoßen zu sein.

Nur ich lag in meinem Zimmer und grübelte. Wir müssen gewinnen, dachte ich, denn die Chance, im Finale zu stehen, ist für Kaiserslautern sicher einmalig…

Plötzlich stürmte die ganze Mannschaft in mein Zimmer.

»Der Meister soll würfeln«, verlangte man.

»Was ist bloß los mit euch?« fragte ich. »Man sollte meinen, ihr steht vor irgendeinem Privatspiel.«

Übermütig drückten sie mir einen Becher mit zwei Würfeln in die Hand. Damit sollte ich das Endspielergebnis ausknobeln. Ich tat ihnen den Gefallen und ließ auf dem Bettvorleger die Würfel rollen. Sechs zeigte der Würfel für den Club, vier der unsere.

6:4! Auweh! – »Das habt ihr von dem Unsinn!« sagte ich resigniert.

Mit dem Omnibus fuhren wir von Bonn aus nach Köln. Als wir in unsere Kabine gingen, stand plötzlich Paul Janes, der langjährige Spielführer der Nationalelf, vor mir. Wir begrüßten uns herzlich, doch dann schaute mich Paul reichlich spöttisch an:

»Ihr wollt doch nicht etwa Deutscher Meister werden? Sag bloß, daß ihr gewinnen wollt!«

»Was heißt hier wollen?« entgegnete ich ernst. »Wir tun jedenfalls unser Bestes.«

Kaum in der Kabine, wurde ich rausgerufen. Der Nürnberger Spielführer Gebhard, »Zapf« genannt, hatte eine Bitte:

»Fritz«, sagte er, »du weißt, der Club ist ein traditionsreicher Verein. Schon jahrelang spielen wir in unseren verwaschenen, roten Trikots. Könntet ihr nicht auf euer Rot verzichten?«

Wir hatten vor dem Krieg lange Zeit in Rot-Weiß gespielt. Die roten Hosen zum roten Trikot führte ich erst zur Erinnerung an die »Roten Jäger« ein. Unsere Kluft und die Tatsache, daß wir seit einiger Zeit wieder auf eigenem Platz spielten, brachten uns den Namen »Die roten Teufel vom Betzenberg« ein. Nun wollten uns die Nürnberger bewegen, auf die vorgesehene Auslosung zu verzichten.

»Geht in Ordnung, Zapf«, willigte ich ein, ohne mit der Mannschaft Rücksprache zu nehmen. Der Club war schon in meiner Jugend ein Begriff für mich. Es wäre mir wie Frevel vorgekommen, seine althergebrachten Rechte anzutasten.

»Ich hoffe, daß ihr damit einverstanden seid«, sagte ich zu den Kameraden. Ohne zu murren, zogen alle statt der roten die vorsichtshalber mitgenommenen weißen Trikots an.

Das war unsere Aufstellung:

Hölz

Huppert   Kohlmeyer

Ernst Liebrich   Werner Liebrich   Klee

Grewenig   Fritz Walter   Ottmar Walter   Baßler   Christmann

Außer Hölz und Klee waren alle waschechte Kaiserslauterer.

Vor mehr als 70 000 Zuschauern begann das Spiel. Begreiflicherweise gehört es zu denen, die ich nie vergesse...

Jeder einzelne von uns war strikt angewiesen, seinen Mann zu decken. In den ersten Minuten fühlten wir uns überraschend stark, und der Nürnberger Torhüter Schaffer, der überragend hielt, bekam eine Menge zu tun. Bald nach dem Anpfiff fing er einen Eckball von mir, den Klee, unser linker Läufer, verwandeln sollte, aber nicht rechtzeitig erwischte. Wenig später bremste er einen scharfen Schuß von Ottmar mit der Faust am Boden ab. Wir hatten schon zum Torgebrüll angesetzt, da sahen wir das Leder über die Latte zum Eckball wegtrudeln. Halblinks hatte Christmann eine Chance, schoß aber über die Querlatte. Dann setzten die Nürnberger wuchtig mit ihrem Gegenangriff ein. Rechtsaußen Herboldsheimer schlug von rechts eine weite Flanke auf halblinks zu seinem Klubkameraden Winterstein, der rechtzeitig gestartet war. Hölz, unser neunzehnjähriger Torwart, lief leider nicht heraus, um diesen Ball abzufangen, sondern blieb wie angewurzelt im Tor stehen. An ihm vorbei brachte Winterstein seinen Kopfball in die kurze Ecke.

Der Club war mit 1 : 0 in Führung gegangen!

Obgleich die Sympathien der westdeutschen Zuschauer zum größten Teil uns gehörten, wurden wir nach dem Führungstreffer des ruhig und überlegen operierenden Endspielpartners nervös und verloren den Zusammenhalt. Vor allem unserem jungen Torhüter fehlte das instinktsichere Reaktionsvermögen. Hatte er beim erstenmal den Fehler gemacht, nicht herauszulaufen, so verließ er, bevor es zum zweitenmal in unserem Kasten einschlug, leichtsinnigerweise seinen Posten: Zu Winterstein, dem Nürnberger Halblinken, war ein steiler Paß gekommen. Blitzschnell gab er eine weite Flanke in unseren Strafraum, in Höhe des Elfmeterpunktes. Jetzt hätte Hölz im Tor bleiben müssen, doch nein – in dieser kritischen Situation sauste er heraus. Mittelstürmer Pöschl lief, hart bedrängt von Werner Liebrich, in die Flanke hinein. Sich bückend berührte der Nürnberger den Ball mit dem Kopf – das Leder senkte sich über Hölz hinweg zum 0 : 2 ins Netz.

Max Morlock, der Halbrechte des süddeutschen Meisters, war überall. Er schien in der Verteidigung und im Sturm gleichermaßen zu Hause, in den unpassendsten Augenblicken tauchte er da auf, wo wir ihn nicht erwarteten. Klee, der ihn bewachen sollte, spielte leider viel zu offensiv, um der schweren Aufgabe, den explosiven Maxl zu bremsen, gerecht zu werden.

Wir durften froh sein, daß wir bei der großen Spielerfahrung des Gegners nicht noch einige Treffer einstecken mußten.

In die Pause gingen wir zwar kleinlaut, aber doch nicht mutlos. Schließlich waren wir alle jung und hatten eine vorzügliche Kondition. Vorwürfe machten wir uns gegenseitig nicht, das halten wir bis auf den heutigen Tag so. Allerdings konnte ich es mir, weil ich ja nicht nur Spieler, sondern auch Trainer des Vereins war, nicht ersparen, Klee darauf hinzuweisen, daß er durch sein stark offensives Spiel Max Morlock viel zuviel Bewegungsfreiheit gelassen hatte.

»Schau dir den Zapf an«, sagte ich, »der doch, weiß Gott, gern offensiv spielt! Er bemüht seinen Drang nach vorn immer wieder und deckt haarscharf! Er stört mich, wo er nur kann.«

Zu Beginn der zweiten Halbzeit gelang es uns, den Club bös durcheinanderzubringen. Unterstützt wurden wir vom begeisterten Publikum, das den Außenseiter siegen sehen wollte.

Wir drei vom Innensturm – Ottmar, Baßler und ich – schickten unsere schnellen Flügelstürmer Christmann und Grewenig immer wieder nach vorn. In der 62. Minute kamen wir auf glückliche Weise zum Anschlußtor. Ottmar ließ eine Bombe los, die Schaffer zweifellos gehalten hätte, wenn ... ja, wenn sich nicht Übelein in die Schußbahn geworfen und den Ball abgefälscht hätte. Später witzele man:

> »Diese Tat von Übelein
> sollt' für den Club von Übel sein!«

Es hieß nur mehr 1 : 2!

Wir fielen uns um den Hals, und für ein paar Fotografen war diese Szene dramatisch genug, sie festzuhalten. Als sie wieder vom Spielfeld liefen, auf dem sie ja nichts zu suchen hatten, stolperte einer über die lang ausgestreckten Beine von Kennemann und schlug, sehr zur Begeisterung des Publikums, einen Salto.

Wir stürmten erneut los, weil wir eine Chance witterten. Die Nürnberger wehrten sich in dieser Periode verzweifelt. Schaffer mußte immer wieder eingreifen, während Hölz im Moment viel weniger beschäftigt war.

Als unser Rechtsaußen Grewenig einmal durchbrach und einen mordsmäßigen Flachschuß auf das Nürnberger Tor jagte, waren wir dem Ausgleich so nah wie nie. Doch der Ball sprang an den Pfosten und von dort ins Feld zurück.

Eine andere Situation, die ich noch deutlich vor mir sehe: Windhund Pöschl fegte im Gegenangriff über den Platz, gefolgt von Werner Liebrich. Pöschl umspielte im Lauf alles, was sich ihm entgegenstellte, und ließ dann einen scharfen, halbhohen Schuß los, der zum Glück knapp an unserem Tor vorbeiging.

Trotz aller Mühe kamen wir auf keinen grünen Zweig. Nach einer halben Stunde furiosen, aber ergebnislosen Stürmens ließ unser Angriffsschwung spürbar nach.

Und doch bot sich uns fünf Minuten vor Schluß noch einmal eine Riesenchance: Grewenig schlug aus vollem Lauf eine herrliche Flanke in die Mitte. Dorthin war Linksaußen Christmann gewechselt. Sieben oder acht Meter vor dem Tor sprangen der lange Kennemann und der kleine Christmann nach dem Ball. Unser Linksaußen siegte durch seine ungeheure Sprungkraft in dem ungleichen Duell und köpfte scharf in die untere rechte Ecke. Auf der Linie hüpfte der Ball auf. Wir schrien schon: Tor! Doch da war Schaffer bereits am Boden und stoppte mit der ausgestreckten Linken das Leder. Er verhinderte Ausgleich und Verlängerung.

Die Anhänger des 1. FC Nürnberg hielt es nicht mehr auf den Rängen. Sie glaubten, den Schlußpfiff schon gehört zu haben, und liefen auf das Spielfeld, mitten in einen Angriff unserer rechten Seite hinein. Da erst schienen sie zu merken, daß noch gar nicht abgepfiffen war. Sie zogen sich an den Rand des Rasens zurück. Grewenig schlug noch eine Flanke, die Baßler fünfzehn Meter vor dem Kasten volley erwischte und haarscharf am Tor vorbeischmetterte. In den Abstoß hinein ertönte der Schlußpfiff: Aus der Traum vom Ausgleich, von der Verlängerung, von der Meisterschaft...

Die Menschenmassen überschwemmten das Spielfeld und wir verloren einander völlig aus den Augen. Ich gratulierte den Nürnbergern, die ich gerade in der Nähe stehen sah, und drückte auch dem Schiedsrichter die Hand. Kennemann hatte plötzlich einen riesigen Lorbeerkranz um die Schultern hängen. Das blieb aber auch alles, was ich von einer Siegerehrung bemerken konnte. Es war das erste Endspiel nach dem Krieg, und deshalb ging es noch ein bißchen drunter und drüber. Erst in der Kabine fanden wir uns wieder. Dort mußte ich unsere Jüngsten, denen die Tränen in den Augen standen, trösten.

»Im nächsten Jahr sind wir dran«, sagte ich, obwohl ich nicht davon überzeugt war, daß wir jemals wieder in einem Endspiel stehen würden.

An einen Empfang in Kaiserslautern dachten wir damals noch nicht. Der Fußballenthusiasmus unserer Vaterstadt steckte noch in den Kinderschuhen. Wir wollten so zurückfahren, daß wir nachts ankamen. In Mannweiler in der Pfalz machten wir Station, und da es erst sechs Uhr war, legten wir uns unter die Bäume ins Gras, um zu warten, bis es dunkel wurde. Plötzlich raste ein Wagen mit Lauterern auf unsere Gruppe zu:

»Was ist denn mit euch los? Seid ihr verrückt? Die ganze Stadt wartet seit vier Uhr auf euch...«

Wir wechselten überraschte Blicke. Waren wir wirklich verrückt? Wir sollten empfangen werden, obwohl wir verloren hatten? Mit gemischten Gefühlen brachen wir auf. Uns erwartete eine begeisterte Menge, wir wurden aus dem Omnibus gehoben und in Pferdekutschen getragen. So begann unsere erste Triumphfahrt. Die Pfälzer überschütteten uns mit Blumen.

Die Jungen unter uns waren dem erhebenden Schauspiel in keiner Weise gewachsen, sie heulten vor Rührung drauf los. Aus so ehrlichem Herzen heraus weinten sie, daß mir gar nichts anderes übrigblieb, als es ihnen gleichzutun.

All das und unsere eigene, bedingungslose Kameradschaft banden uns nur fester an die Verpflichtung Stadt und Verein gegenüber.

In den folgenden Jahren schafften wir es denn auch, abermals in die Ausscheidungsspiele um die Deutsche Meisterschaft vorzudringen, der Weg ins Finale jedoch war uns versperrt – wie ich vorausgesehen hatte.

Herberger, der in dieser Zeit bereits an kommende Länderspiele dachte, fand, daß es für mich auf die Dauer eine zu große Belastung bedeutete, Spieler und Betreuer zu sein.

»Holen Sie sich doch einen Trainer, Fritz«, meinte er. So übernahm der Herberger-Schüler Richard Schneider, mit dem zusammen ich schon in der Schüler-, Jugend- und Seniorenmannschaft des 1. FCK gespielt hatte, die Betreuung des Vereins.

*Es wird ja alles wieder gut... Als im Augsburger Rosenau-Stadion diese
Aufnahme gemacht wurde (am 9. November 1952), war das Drama von
Paris fast vergessen. Die deutsche Nationalelf führte gegen die Schweiz
2 : 0. Sie spielte hervorragend, und sogar an Fritz Walter, für den man nach
Paris einen Nachfolger forderte, war nichts auszusetzen...*

Das war Ottmars Meisterstück! Fast an der Eckfahne hatte er sich den Ball erkämpft, steuerte das Tor an, ließ den herausstürzenden Jucker ins Leere laufen und schoß (Bild oben). Zwischen Bocquet und dem Pfosten landete das Leder zum 2:0 im Tor (unten). »Sie spielten wie im Fußballhimmel«, schrieben unsere Kritiker nach dem 5:1-Sieg – Torwart Jucker, immer wieder in Bedrängnis (Bild rechts), konnte das Lob bestätigen.

101

Die unvergeßliche 2. Minute von Ludwigshafen: Von Berni Termath bekam ich beim Spiel gegen Jugoslawien (21. Dezember 1952) einen unwahrscheinlich weiten Einwurf. Stopperriese Horvat rutschte aus und fiel hin – meine Chance (Bild links)! Ich hatte nur noch den herausstürzenden Beara vor mir (oben). Ruhig Blut, Fritz! dachte ich und schob den Ball unter dem Jugoslawen hinweg ins Tor. Deutschland führte 1:0.

Wer will noch mal, wer hat noch nicht? Während sich Horvat aufrichtete, Beara noch entgeistert am Boden kauerte, fiel ich (Nummer 10) dem ersten Gratulanten in die Hände. Sekunden später waren – mit Ausnahme von Torwart Toni Turek – alle Kameraden um mich versammelt (Bild unten). Sie nahmen mich freudestrahlend in die Mitte und geleiteten mich im Triumph zum Anstoß. Das 1:0 gab uns gewaltig Auftrieb.

Bis hierher und nicht weiter! Etwas verdattert starrten sich Beara und Berni Termath an. Der »Panther aus Belgrad« hatte wieder einmal eine für uns aussichtsreiche Situation in tollkühnem Einsatz zunichte gemacht. Unser Linksaußen mußte seinen Ansturm abbremsen – nichts passierte. Als sich die beiden aus ihrer Erstarrung gelöst hatten, ging es weiter.

Es lag was in der Luft! Eine Minute vor der Halbzeit – inzwischen stand es 2:1 für Jugoslawien – schoß ich eine Ecke von links. Ein Verteidiger versuchte abzuwehren, Termath aber schaltete sich geschickt ein und...

Hier krachten die Schädel! 1:1 stand es im Madrider Chamartin-Stadion beim Länderkampf Spanien–Deutschland, als mein Bruder Ottmar und der Spanier Navarro bei einem Kopfball unglücklich zusammenstießen.

106

...dann machte Maxl Morlock seinen »Wirbel«! Er flitzte in den Strafraum, erwischte den Ball und schon hieß es 2:2. Schiedsrichter Ellis zeigte zur Mitte, Beara schimpfte, und unser Max (Bildmitte) lief zum Anstoß.

Der Schiedsrichter ordnete eine Spielunterbrechung an. Im Nu hatten sich Kameraden und Betreuer um die »Opfer« versammelt. Navarro (links) wird bereits abtransportiert, Ottmar (Nr. 9) liegt noch am Boden...

Ottes leicht benommen...
Mit vereinten Kräften hatten wir ihn nach der Karam-
bolage wieder aufgerichtet,
Masseur Deuser legte ihm
ein Handtuch um die blu-
tende Wunde am Hinter-
kopf und führte ihn vom
Platz. Ottmar war immer
noch geistesabwesend...

Kommentar   überflüssig!
Das Bild zeigt Toni Turek
unmittelbar nach dem Elf-
meter, mit dem Schiedsrichter Orlandini Eckels harmloses, völlig unbeabsichtigtes Handspiel bestraft hatte.
Kein Zweifel – Tonis Hal-
tung vom Scheitel bis zur
Sohle beweist, daß der Strafstoß im Netz saß. 2:2! Die
Spanier hatten ausgeglichen.

40 Grad Hitze zeigte das Thermometer, als der 1. FCK im Ludwigshafener Stadion gegen Eintracht Frankfurt antrat. Wir gewannen dieses Endrundenspiel zur Deutschen Meisterschaft 1953 überlegen 5:1. Unmittelbar nach dem Abpfiff benutzte ich die transportable Kaltwasserdusche, die ein begeisterter Anhänger für die völlig ausgepumpten Spieler bereit hielt.

Am 21. Juni 1953: Wenige
Minuten vor 15 Uhr betra-
ten die Gegner im Endspiel
um die Deutsche Meister-
schaft das mit 90 000 Menschen besetzte Berliner
Olympia-Stadion. Schlienz
führte die Elf des VfB Stuttgart an, ich die »Roten Teufel vom Betzenberg«.

Das erste Endspiel-Pro-
blem: Schiedsrichter Ternieden rief zur Platzwahl – ich
gewann sie. Wie sollten wir
spielen? Gegen die Sonne!
entschied ich, denn sie würde in der zweiten Halbzeit
tiefer stehen und dadurch
die Stuttgarter Stürmer beim
genauen Zielen noch stärker
blenden als uns in den ersten
45 Minuten.

Dämpfer Nummer 1: Das Spiel lief noch keine Minute, als Ottmar gefoult wurde. Der Unparteiische gab Elfmeter! Ich schoß – Bögelein aber hielt! Er hatte verstanden, was mir Ottmar zuraunte und wußte daher, in welche Ecke ich zielen würde.

Dämpfer Nummer 2: Ich hätte mir am liebsten die Haare einzeln ausgerissen, nachdem ich frei stehend vor dem Tor den Ball neben den Pfosten schob. Zweimal hatte ich nun also unseren Führungstreffer versiebt. Als ich mich vom Stuttgarter Tor abwandte, war der ganze Optimismus, mit dem ich ins Spiel gegangen war, verflogen...

111

1:0 für den FCK! Nachdem ich zwei einwandfreie Chancen verkorkst hatte, gelang mir in der 37. Minute endlich das längst fällige Tor. Ich köpfte eine Flanke von Scheffler unhaltbar für den sich akrobatisch werfenden Bögelein in die kurze Ecke. Dieser Treffer gab mir Selbstvertrauen.

2:0 für den FCK! Mit hochgerissenen Armen lief ich auf Wagner zu, der den Ball, den ich ihm zugespielt hatte, ins Netz köpfte. Bögelein hatte das Unglück nicht verhindern können. Entsetzt saß er vor seinem Tor, Schlienz lag geschlagen auf der Linie. 2:0 – das war die Vorentscheidung.

Ernst Liebrich bewahrte uns als Retter in höchster Not durch Kopfball vor einem Tor. Hölz war schon geschlagen. Kurze Zeit später kam der VfB dann doch auf 2:1 heran, wurde aber schließlich 4:1 geschlagen.

Zum zweitenmal nahmen wir die Viktoria mit heim. Abgekämpft, aber glücklich verließen wir als Deutscher Meister 1953 das Olympia-Stadion, besonders stürmisch gefeiert von den Schlachtenbummlern aus der Pfalz.

NACH NEUN JAHREN WIEDER IM NATIONALTRIKOT

Herbergers wohlüberlegte Vorausplanung hatte ihre Gründe: 1950 nahm die Schweiz als erstes Land nach dem Krieg den Länderspielverkehr mit uns wieder auf.

Der Reichstrainer, der jetzt Bundestrainer geworden war, trommelte seine Getreuen zusammen. Beim ersten Spiel gegen die Eidgenossen, das wir am 22. November 1950 in Stuttgart 1:0 gewannen, konnte ich wegen einer Knieverletzung nicht dabei sein. Doch bei unserem ersten Auslandsstart – am 15. August 1951 in Zürich – war ich mit von der Partie. Ich befand mich nicht gerade in Höchstform, und von der nötigen Kaltblütigkeit – mein letztes Länderspiel lag immerhin neun Jahre zurück – fehlte mir jede Spur. Ich hatte Lampenfieber.

Das Treffen auf dem Züricher Hardturm-Platz war mein fünfundzwanzigstes Länderspiel. Zum erstenmal fungierte ich als Kapitän der deutschen Nationalelf, die an diesem Tag zum zweihundertsten Mal antrat – für uns alle und für mich im besonderen also ein Jubiläumsspiel.

Wir bereiteten uns so gut wie möglich vor, steigerten während eines Lehrgangs bei Stuttgart unsere Kondition und vertieften uns jeden Morgen nach dem Kaffeetrinken in die Theorie. Wie oft stand Sepp Herberger an der Wandtafel und knackte mit Kreide den berühmt-berüchtigten Schweizer Riegel!

Alte Fußballhasen wissen natürlich, was es mit ihm auf sich hat. Für meine jungen Freunde ein paar Worte darüber, wie dieser original Schweizer Präzisionsapparat funktioniert:

Im Gegensatz zu unserem WM-System, bei dem die Verteidiger die Außenstürmer decken, beschatten beim System der Eidgenossen die Außenläufer die gegnerischen Außenstürmer. Ein Verteidiger hat die Aufgabe, auf vorgeschobenem Posten den gegnerischen Mittelstürmer zu bewachen. Der andere hält als Reserve – ohne direkten Gegenspieler – Wacht auf der Höhe des Strafraums. Der Schweizer Mittelläufer übernimmt einen

Halbstürmer des Gegners, meinetwegen den Halblinken. In diesem Falle wird der Halbrechte vom Schweizer Halblinken beschattet, der also auch ausgesprochene Deckungsarbeit zu leisten hat.

Greift der Gegner an, ziehen sich der Mittelläufer und der vorgeschobene Verteidiger zurück. Sie geben das Mittelfeld frei und verleiten den Angreifer zum Spiel in die Breite, »riegeln« aber den Strafraum lückenlos ab. In dieser Verteidigungsstellung das kleinste Loch zu finden, ist unheimlich schwer.

Die Gefahr erkennen, heißt Mittel zu ihrer Überwindung suchen. Wer könnte das besser als unser gewiefter und gewitzter Sepp Herberger? Er entwickelte ein Rezept, wie man sich an diesem Riegel die Zähne nicht ausbeißt: Der eigene Angriff muß durch Steilpässe – nicht durch Spiel in die Breite! – so schnell vorgetragen werden, daß die Schweizer keine Zeit mehr haben, den Riegel zuzuschieben. Diese Theorie jedoch in die Praxis umzusetzen, ist ein Kapitel für sich.

Ich erinnere mich noch an das Spiel in Zürich, als ob es gestern gewesen wäre. Im Tor stand Toni Turek, damals schon mit stoischer Ruhe gesegnet. Neben mir hatte ich zum erstenmal in einem Länderspiel meinen Bruder Ottmar, mit dem ich mich ja, falls uns nicht gerade der Teufel reiten sollte, verstehen mußte. Auch die alten Haudegen aus den Länderspielen von 1940 bis 1942, Streitle und Burdenski, flößten mir Ruhe und Zuversicht ein. Daß alle anderen – Mebus, Baumann und Barufka in der Läuferreihe, sowie Gerritzen, Röhrig und Klodt, die neben Ottmar und mir im Sturm spielten – ebenfalls ihr Möglichstes tun würden, stand außer Zweifel.

Obwohl die Sonne über dem Hardturm-Stadion lachte, erhielten wir schon wenige Minuten nach dem Anpfiff eine kalte Dusche. Toni Turek lief einem weiten, hohen Ball entgegen. Weiß der Teufel, wie es geschah: Durch eine Unebenheit des Rasens stolperte er – oder war er von der Sonne geblendet: Jedenfalls verfehlte er das Leder. Und schon war Fatton da, der berühmte Schweizer Linksaußen, Schrecken vieler Torhüter. Mit prächtigem Scherenschlag drosch er den Ball zum 0:1 in den Kasten.

Tore, vor allem, wenn sie vermeidbar sind, gehen einem natürlich an die Nerven. Fallen sie außerdem zu Beginn eines Spiels, können sie regelrechte Krisen bewirken. Wir gerieten dann auch wirklich eine Zeitlang ins Schwimmen. Immer wieder griffen die Schweizer an, mitgerissen von ihren Stars Eggimann, Bickel und Antenen. Unsere Attacken scheiterten, allen guten Vorsätzen zum Trotz, am Riegel. Erst kurz vor der Halbzeit fiel der Ausgleich – im Anschluß an eine Ecke. Weich hob ich den Ball in den Strafraum, und schon funktionierte die brüderliche Zusammenarbeit: Ottmar köpfte den Ball zum 1:1 in Stubers Tor.

Wenige Minuten nachdem der englische Schiedsrichter die zweite Halbzeit angepfiffen hatte, gelang mir eine abgezirkelte Vorlage. Gerritzen erreichte den flachen Ball. Ehe ihn zwei Schweizer daran hindern konnten, knallte er ihn aus acht bis neun Metern ins Netz.

2:1 für Deutschland.

Das Führungstor brachte unser Selbstvertrauen zurück. Immer wieder belagerten wir den gegnerischen Strafraum, bestrebt, den massiven Riegel zu sprengen. Aus einer solchen Situation entwickelte sich das 3:1!

Ich führe nicht Buch über meine Länderspieltore. Trotzdem habe ich keines vergessen. Dieses Tor aber, in der 54. Minute geschossen, ist mir noch in allen Einzelheiten gegenwärtig. Es war ein Treffer, wie er einem nur alle Jubeljahre einmal gelingt, dementsprechend wurde er auch von den Kritikern vermerkt.

In Zeitlupe sah das etwa so aus: Eine hohe Flanke kam in den Schweizer Strafraum. Sie wurde abgewehrt, und der Ball sprang 20 bis 25 Meter ins Feld zurück. Ich lief ihm entgegen, drückte ihn mit der Sohle nach unten und erwischte ihn, bevor er zum zweitenmal aufsprang, besonders glücklich. Mit aller Kraft jagte ich ihn ins Netz. Er rauschte nur so hinein. 3:1!

Die Kameraden eilten auf mich zu. Ottmar fiel mir um den Hals. Fast größer als die Freude über unseren sicheren Vorsprung war die Begeisterung über das einmalig schöne Tor.

Freuden bleiben nicht ungetrübt. Schon eine Minute später unterbrach Schiedsrichter Ellis einen Schweizer Angriff in unserem Strafraum durch schrillen Pfiff. Unmißverständlich zeigte er auf den Elfmeterpunkt. Einer unserer Verteidiger hatte bei der Abwehr das Mißfallen des Unparteiischen erregt.

Seelenruhig legte sich Bocquet, der linke Verteidiger, den Ball zurecht. Die Hände in die Hüften gestützt, standen wir abwartend dabei. Er schoß beinahe aus dem Stand, hart und trocken mit dem Innenrist. Diese Exekution, perfekt und unerbittlich, ließ Toni Turek keine Chance.

Unser Vorsprung war auf ein Tor zusammengeschrumpft. Es stand nur noch 3:2.

Fünfundzwanzig Minuten hatten die Schweizer noch Zeit, um den Ausgleich zu kämpfen. Pausenlos berannten sie unser Tor. Toni aber verlor die Ruhe nicht. Die Schweizer Luft bekam ihm schon 1951 sichtlich gut. »Toni Turek in der Schweiz« sollte 1954 zum Inbegriff eines unüberwindlichen Torhüters werden.

Während des Endspurts der Eidgenossen wurde unser Linksaußen Berni Klodt verletzt. Herberger schickte Horst Schade auf den Platz. Mit dem Mut der Verzweiflung wehrten wir uns weiter unserer Haut.

»Hopp Schwyz! Hopp Schwyz!« feuerten die Schweizer ihre entfesselte Mannschaft an. Die deutschen Schlachtenbummler aber schauten besorgt auf die Uhr. Allen Befürchtungen zum Trotz blieb es jedoch beim 3:2.

Mit diesem Spiel war ein Bann gebrochen. Das Ausland schenkte dem deutschen Fußballsport wieder Beachtung.

AM ZIEL

Die Ausscheidungskämpfe um die Deutsche Fußballmeisterschaft 1951 wurden erstmals nicht mehr im K.o.-System ausgetragen. Man teilte die qualifizierten Vereine in zwei Gruppen
ein, die in Vor- und Rückspielen den jeweiligen Gruppensieger
ermitteln mußten. Wir kamen in die Gruppe 1, zusammen mit
Schalke 04, der Spielvereinigung Fürth und St. Pauli.
Da der Betzenberg die an diesen zugkräftigen Spielen interessierten Zuschauermassen nicht faßt, siedelten wir bei den
»Heimspielen« mit Sack und Pack in das neue Stadion von Ludwigshafen über. Zum ersten Treffen mit Fürth kamen 65 000,
doch der Tag stand unter keinem guten Stern.
Hölz' Nachfolger im Tor, mein langjähriger Freund Karl
Adam, war in der letzten Zeit nicht besonders in Form. Unser
Trainer überlegte, ob wir nicht in den Rundenspielen lieber den
jungen Schaak ins Tor stellen sollten. Adam fühlte sich zurück-
gesetzt und ging wieder zu seinem alten Verein, TuS Neuendorf, zurück. Schaak andererseits hatte erst einmal bei Meister-
schaftsspielen mitgemacht, hätte aber – wie uns erst zu spät klar
wurde – zwei oder drei Einsätze aufweisen müssen, um spielbe-
rechtigt zu sein. Fürth legte Protest ein.
Ottmar, mein Bruder, erlitt zehn Minuten nach Spielbeginn einen schweren Bandscheibenvorfall. Es half ihm und uns nichts,
daß er die Zähne zusammenbiß – er mußte vom Platz. Ein
Lichtblick war der junge, erstmals in einem wichtigen Kampf
eingesetzte Horst Eckel. Die Idee, ihn auf Rechtsaußen zu verwenden, stammte von mir. Zur Freude der anfangs befremdeten
Zuschauer spielte der Neuling völlig unbekümmert und erzielte
bald nach tollem Alleingang das erste Tor. Als Fürth nach dem
Wiederanpfiff Ausgleich und Führungstreffer schaffte, war es
abermals Horst Eckel, der durch ein Kopfballtor das Remis
wiederherstellte.
Mit dem 2 : 2-Endresultat entging uns ein wertvoller Punkt,
ganz abgesehen davon, daß dem Fürther Protest gegen uns

stattgegeben wurde. Wie sich das auf den Endstand der Punkte auswirken würde, wußten wir noch nicht. Schlimmer als die Enttäuschung über das Unentschieden war Ottmars Verletzung. Er mußte sofort ins Krankenhaus. Für die kommenden Auseinandersetzungen durften wir mit ihm nicht rechnen.

Schaak also hatte man die Spielberechtigung abgesprochen. Wir waren praktisch ein Verein ohne Torwart. Da setzte sich Richard Schneider, unser Trainer, kurz entschlossen in den Zug und fuhr zur TuS Neuendorf nach Koblenz, um Karl Adam zurückzuholen. Karl erwies sich, sobald er hörte, in welcher Klemme wir saßen, als echter Sportsmann, packte seine Klamotten und kam gleich mit. In den entscheidenden Spielen warf er sich mit Macht ins Zeug und war für uns unbezahlbar.

In Hamburg, kurz vor dem Treffen mit St. Pauli, stellten wir fest, daß der Koffer mit den Trikots in Kaiserslautern zurückgeblieben war. Ein paar Mann klapperten etliche Sportgeschäfte ab, bis sie einen neuen Satz auftrieben. Rote Hosen entdeckten sie nirgends. So kam es, daß die »Roten Teufel vom Betzenberg« in schwarzen Hosen auf den Platz liefen.

Baßler, gegen St. Pauli Mittelstürmer, schoß zwei Tore. Der Gegner kam durch Elfmeter auf 2:1 heran. In der zweiten Halbzeit holten wir uns mit 4:2 den Sieg.

Acht Tage später fertigten wir in Ludwigshafen Schalke 04 vor 70000 Zuschauern mit Ach und Krach 1:0 ab. Auf demselben Platz schlugen wir im Rückspiel St. Pauli 2:0.

Die Auseinandersetzung, von der letzten Endes alles abhing, fand in Fürth statt. Wir mußten klar gewinnen, wenn der Protestpunkt aus dem ersten Treffen keine Rolle spielen sollte. Trotzdem wir aus der Defensive heraus mit nur vier Stürmern manövrierten, gingen wir mit 1:0 in Führung.

»Karl ist Klasse«, sagte Werner Liebrich, als Adam einen Elfmeter souverän abwehrte.

Wir schlugen Fürth 3:1 und hatten den Gruppensieg faktisch in der Tasche.

Nach dem Spiel kehrten wir in unser Quartier nach Unterachtel zurück. Vor dem Schwimmbassin, das zum Haus gehört, sagte Baßler übermütig:

»Mensch, Karl, wenn du da im Anzug reinspringst, spendier' ich 'ne Flasche Kognak!«

»Bestimmt?« fragte Torhüter Adam.

»Hand drauf!«

»Von mir kriegst du auch eine«, versprach Werner Liebrich.

»Und eine von mir«, schloß ich mich an.

»Hab' ich richtig gehört? Drei Flaschen Kognak? Guten Kognak?« versicherte sich Karl. »Dann bitte ich, die Herren zu vereidigen!«

Er brachte Brieftasche und Geldbeutel in Sicherheit und stolzierte hocherhobenen Hauptes die Treppe zum Bassin hinunter. Langsam ließ er sich ins Wasser gleiten.

»Gleich kassier' ich«, rief Karl, als er prustend hochkam.

»Nee, nee«, rief Baßler, »das gilt nicht! Du solltest ins Wasser springen, nicht reinspazieren!«

Adam, der triefend neben uns stand, schnupperte in der Luft herum, schaute uns geringschätzig von der Seite an, zischte: »Ihr dreckigen Banditen!« – und sprang kopfüber ins Schwimmbecken.

Als wir uns von dem Spaß erholt hatten, schickten wir unseren klitschnassen Torhüter schnell zum Umziehen aufs Zimmer und bestellten ihm heißen Pfefferminztee.

Montags war Abfahrt. Als Adam seinen Koffer zum Omnibus trug, gab es plötzlich großes Hallo.

»Mensch, Karl« rief einer, »was ist denn mit deinem Koffer los? Der tropft ja!«

Karl wurde blaß, legte das permanent tropfende Gepäckstück vorsichtig auf den Boden und untersuchte den Inhalt. O weh…

Der Gute hatte sich seinen Gewinn nicht in drei einzelnen Flaschen, sondern in einer großen Dreiliterflasche auszahlen lassen. Anscheinend wurde nach einer Kostprobe der Korken nicht mehr richtig hineingedrückt – jedenfalls war der Kognak ausgelaufen.

Ja, ja, wie gewonnen, so zerronnen!

Das und vieles mehr passierte, bevor wir uns für das Endspiel qualifizierten. Der Vollständigkeit wegen darf ich die 2:3-Niederlage nicht vergessen, die uns die Schalker auf ihrem Platz zufügten. Doch mit 9:3 Punkten lagen wir vor Fürth (7:5), Schalke und St. Pauli (je 4:8) an der Spitze der Gruppe 1. Der Sieger der Gruppe II, Preußen Münster, sollte uns am 30. Juni 1951 in Berlin beim Finale gegenüberstehen.

Ein Länderspiel gegen die Türkei, das dreizehn Tage vorher ebenfalls im Olympiastadion stattfand, paßte unseren Vereinsfanatikern wenig in den Kram. Doch abgesehen von dem Prestigeverlust, den uns die 1:2-Niederlage gegen die Türkei einbrachte, kamen Liebrich, Kohli und ich ohne Verletzungen davon. Die Kaiserslauterer konnten sich den Angstschweiß von der Stirn putzen.

Zum zweitenmal innerhalb von vierzehn Tagen flog ich nach Berlin. War beim Flug zum Türkenspiel alles glatt verlaufen, so machten sich bei der zweiten Luftreise meine gefürchteten Ohrenschmerzen wieder bemerkbar. Doch dank der Behandlung durch einen tüchtigen Spezialisten war ich rechtzeitig wieder fit.

Samstag um 18 Uhr, zu einer Zeit also, in der die schlimmste Hitze vorüber war, sollte das Spiel beginnen. Als wir mit dem Omnibus zum Stadion fuhren, lief uns eine Katze über den Weg.

»Wenn das nur nichts zu bedeuten hat!«

»Was wollt ihr denn?« sagte der Chauffeur, »von rechts nach links – Glück bringt's! Im übrigen hab' ich die Türken zum Sieg gefahren, Preußen Münster, bevor es den Berliner Meister schlug – ich fahr' auch euch zum Sieg!«

Unser in den Spielersitzungen gefaßter Entschluß, wie gegen Fürth aus der Defensive heraus zu spielen, lag nahe – wir wußten, wie gefährlich der »100 000-Mark-Sturm« von Preußen Münster war. Um Liebrich nicht hinten aus dem Verteidigungszentrum nehmen zu müssen, stellten wir Fuchs, der eigentlich Läufer war, auf Linksaußen; er sollte im Bedarfsfall den Mittelstürmer der »Preußen« scharf bewachen. Unser regulärer Linksaußen Wanger, der bei allen sechs Endspielrunden dabei war, mußte die bitterste der bitteren Pillen schlucken: zuschauen! Wir sahen Tränen über seine Backen kullern, doch über allen Gefühlen hatten taktische Erwägungen zu stehen.

Die neben dem mit Sondermission betrauten Fuchs verbleibenden vier Stürmer: Eckel, Fritz Walter, Ottmar Walter und Baßler, sollten versuchen, durch lebhaften Positionswechsel die gegnerische Hintermannschaft durcheinanderzubringen.

Im Berliner Olympiastadion warteten 95 000 darauf, den Deutschen Meister von 1951 zu feiern.

Zwanzig Minuten entschieden alles

In der ersten Halbzeit trat Preußen Münster – vielleicht durch unsere Spielmethode herausgefordert – stark offensiv auf. Die Kaiserslauterer Hintermannschaft: Adam; Rasch, Kohlmeyer; Ernst Liebrich, Werner Liebrich, Jergens – hatte Hochkonjunktur, und Adam begeisterte das stets objektive Berliner Publikum mit ein paar glänzenden Paraden. Beharrlich versuchten wir Stürmer, etwas Luft zu schaffen. Doch unsere vereinzelten Vorstöße wirkten wie Mückenstiche auf Preußen Münsters Elefantenhaut. Vor allem ich war wieder in »Berliner Form«, das heißt, es gelang mir fast nichts.

Da in der ersten Halbzeit weder wir noch die Westfalen ein Tor schossen, ist mir weniger eine Einzelsituation als vielmehr der Gesamteindruck im Gedächtnis geblieben: Wir waren einwandfrei unterlegen.

»Na, hast du dir den Zahn, daß wir Deutscher Meister werden, immer noch nicht ziehen lassen?« fragte Werner Liebrich, als wir vom Platz gingen.

»Wir schaffen es«, sagte ich hartnäckig, aber mehr, um mich selbst zu beruhigen als aus Überzeugung.

Kaum war wieder angepfiffen, holte Rechtsaußen Fiffi Gerritzen nach prachtvoller Kombination mit ebenso prachtvollem Drehschuß die 1:0-Führung für seinen Verein. Die »Preußen« marschierten! Dem Sieg entgegen?

Ein Kopfball von Preißler, ihrem gefährlichen Halbrechten, klatschte auf die Querlatte und hüpfte nach hinten über das Netz ins Aus. Linksaußen Lammers stürmte allein auf unser Tor, Adam warf sich ihm entgegen. Der Münsteraner brachte den Ball an ihm, zu seinem Pech aber auch um die Haaresbreite am Tor vorbei, die uns vor dem 0:2 bewahrte.

Ganz plötzlich konnten wir die Umklammerung sprengen. Wir hatten zwanzig starke Minuten. Auch ich warf endlich die leidigen Hemmungen über Bord und spielte so auf, wie es die Zuschauer von mir erwarteten.

»So möchte ich Sie in Länderspielen haben«, sagte Herberger nachher, »aber nicht zwanzig, sondern neunzig Minuten lang!« Unsere »guten zwanzig Minuten« brachten die Entscheidung. Bei einem blitzschnellen Durchspiel servierte ich Ottmar den

Ball. Mein Bruder setzte ihn in der Drehung in die linke untere Torecke. Der Schuß wäre an sich nicht unhaltbar gewesen, doch dem langen Torwart Mierzowski war die Sicht verdeckt. 1:1! Ausgleich und Auftrieb!

In der 72. Minute trat ich mit dem rechten Fuß einen Eckball von links, der prächtig hereinkam. Baßler und drei Preußen sprangen nach ihm, doch das Leder flog über sie hinweg. Da machte Ottmar von halbrechts einen mächtigen Satz und verwandelte mit Kopfstoß. 2:1! Ottes war der Länge nach auf den Boden gefallen, und Horst Eckel warf sich in maßloser Begeisterung gleich über ihn. Leider konnten sie nicht liegenbleiben. Noch waren achtzehn lange Minuten zu spielen. Acht von den achtzehn gehörten uns. Wir stürmten und hatten zwei reelle Chancen. Einmal schoß Ottmar knapp am Tor vorbei, das andere Mal hob Eckel, um den herauslaufenden Torwart nicht anzuschießen, den Ball »vorsichtshalber« über die Latte.

In den letzten zehn Minuten dominierte Preußen Münster, für uns wurde die Situation kritisch. Wir hatten das Ziel so greifbar nahe vor Augen und kämpften mit letzter Hingabe um jeden Ball. Trotzdem konnten wir nicht verhindern, daß sich in unserem Strafraum die Gefahr zusammenballte. Alarmstufe 1! Aus dem Tumult heraus schoß Gerritzen eine Bombe auf Adams Kasten – vorbei! Unmittelbar darauf – ich werde es nie vergessen – ertönte der Schlußpfiff.

Wir hatten es geschafft. Zum erstenmal in der Geschichte des 1. FCK waren wir Deutscher Meister. David und Goliath, werden die Berliner gedacht haben, als Preußen Münsters baumlanger Spielführer Mierzowksi mir gratulierend die Hand schüttelte. Wie ein Film aus glücklichen Tagen ziehen die Ereignisse heute an mir vorbei: Beide Mannschaften vor der Ehrentribüne – Überreichung der Viktoria durch Dr. Bauwens – Bankett – Goldene Ehrennadel – Rückflug nach Frankfurt – Triumphzug durch die Pfalz – achttägige (!) Siegesfeier in Kaiserslautern!

»Soll ich mal den Hörer ans Fenster halten?« hatte mein Bruder Ludwig gefragt, als ich unmittelbar nach dem Spiel von Berlin aus mit ihm telefonierte. »Da kannst du dir ausmalen, was bei uns in Kaiserslautern los ist!«

Der Enthusiasmus der alten Pfälzerstadt war uns der schönste Lohn für viele Jahre harter Aufbauarbeit.

RAUSCH IN WIEN – KATER IN DUBLIN

Ein weiterer sportlicher Höhepunkt des Jahres 1951 war das am 23. September stattfindende Länderspiel gegen Österreich in Wien, das vielen durch die originelle Rundfunkreportage von Heribert Meisel in Erinnerung sein wird. Österreich hatte nach dem Krieg schon eine stattliche Anzahl Länderspiele hinter sich und war die führende Fußballnation Europas geworden.

»Die Favoritenstellung der Österreicher soll uns nur recht sein«, meinte Herberger. »Wir haben nichts zu verlieren, aber alles zu gewinnen.«

»Die Deutschen besitzen zwar eine vorzügliche Kondition, technisch und spielerisch aber brauchen wir sie nicht zu fürchten«, schrieben Wiener Zeitungen. Eine sprach von »elf mehr oder weniger tüchtigen Handwerkern«.

»An der Donau wird auch nur mit Wasser gekocht«, beruhigte uns der Bundestrainer. »Meiner Ansicht nach haben wir absolut eine Chance.«

Nach einem kleinen Aufgalopp in München-Grünwald flogen wir nach Wien. Beim Training im Prater-Stadion begegneten uns die Österreicher. »Servus«, sagten sie, als wir aneinander vorbeigingen, und das klang soweit ganz gemütlich.

Für die Zuschauer war das Treffen ein »g'mahts Wieserl«, eine glatte Sache. Sie freuten sich darauf, uns durch ihre Elf an die Wand »gescheiberlt« zu sehen. Uns aber lag Herbergers eindringliche Ermahnung: »decken, decken, decken!« in den Ohren. Wir waren entschlossen, seine taktischen Ratschläge hundertprozentig zu befolgen.

Schon nach einer Viertelstunde hatten wir heraus, daß die Österreicher mit ihren Angriffen nicht so recht zum Zug kamen. Marschierte ihr linker Läufer los, hängte sich unser Rechtsaußen Gerritzen an ihn, dem rechten folgte Linksaußen Barufka auf der Ferse. Max Morlock als Mittelstürmer nahm sich sehr liebevoll des offensiven Mittelläufers Ocwirk an. Spielte Max mal etwas weiter vorgeschoben, behinderte Preißler, den wir als Halbrechten mehr nach vorn in Mittelstürmerposition gestellt hatten, und ich als Halblinker Ocwirk in seiner Rolle als sechster Stürmer. Aus exakt abgestimmter Defensive heraus versuchten wir, mit blitzschnellen Vorstößen selbst zum Erfolg zu kommen.

»Fiffi« oder »Kalli« brüllte ich Herbergers Wunsch entsprechend, wenn einer unserer Außenstürmer im Eifer des Gefechts seine Betreuungsrolle vernachlässigte. Das haute hin. Ohne zu murren schalteten sie auf ihre weniger publikumswirksame Bewacherrolle zurück.

Die Hintermannschaft unterband die sonst so gefürchteten, nervenzermürbenden Kombinationen des Gegners, bevor sie überhaupt in Fluß kamen. Österreichs berühmter Sturm rannte sich an Posipals Intelligenz, an Kohlmeyers und Streitles Hartnäckigkeit, an Mebus' und Schankos Ausdauer die Köpfe ein. Die erbarmungslos angesetzte deutsche Deckungszange machte Spieler und Publikum nervös. Das hatte man nicht erwartet!

Aus der reibungslos funktionierenden Abwehr heraus bauten wir Stürmer schnell und elegant das Spiel auf, das die Wiener – allerdings nicht von uns – zu sehen wünschten.

Beklemmende Stille lag über dem Prater-Stadion, als Schiedsrichter Evans, England, kurz vor der Pause einen Eckball für uns gab.

Ecke von links! Ich lief an und trat sie wie gewohnt mit dem rechten Fuß. Gefährlich senkte sich das Leder vor Musils Tor. Um dem lauernden Morlock zuvorzukommen, hielt ein Österreicher abwehrend den Kopf hin und hätte beinahe ein Selbsttor auf sein Gewissen geladen.

Zweite Ecke! Ocwirk rettete für den bereits geschlagenen Schlußmann auf der Linie.

Dritte Ecke! Diesmal schoß Gerritzen – leider hinter das Tor.

Der Eckensegen hatte uns nichts eingebracht, immerhin endete die erste Halbzeit unentschieden. Das war mehr, als wir Schätzungen von Fachleuten zufolge erwarten durften.

»Ihr habt euch prächtig an die Marschroute gehalten«, lobte Sepp Herberger, während wir uns in der Kabine ein wenig erfrischten. »Das Spiel läuft gut! Wenn ihr in der nächsten Dreiviertelstunde ebenso konsequent deckt und im Sturm noch einen Zahn zulegt, könnt ihr glatt in Führung gehen!«

126

In ausgezeichneter Stimmung liefen wir wieder auf den Platz. Als die Österreicher in ihrer ursprünglichen Aufstellung: *Musil; Kowanz, Happel; Hanappi, Ocwirk, Schleger; Melchior, Wagner, Dienst, Stojaspal, Probst* aus der Kabine kamen, wurden sie mit Pfiffen empfangen. Die Wiener suchten nach Sündenböcken und hätten auf dem einen oder anderen Posten eine Umbesetzung gewünscht.

Uns blieb das Glück der ersten Halbzeit treu. Schon nach wenigen Minuten gingen wir im Anschluß an einen Eckball, den Gerritzen trat, in Führung. Torhüter Musil glückte die Abwehr nicht ganz, und Max Morlock – wieselflink zur Stelle – drückte den Ball mit der Brust über die Torlinie.

Jetzt waren wir erst recht nicht mehr gezwungen, aus der Defensive herauszugehen. Die Österreicher stürmten und stürmten, aber unsere Angriffe aus dem Hinterhalt hatten es in sich. »Geh ma! Geh ma!« feuerten sich Ocwirk und seine Leute an. Doch sie mochten einfädeln, was sie wollten – an der Härte unserer Deckung zerschellten ihre Vorstöße hoffnungslos. Äußerst nervös ersetzte man Mittelstürmer Dienst durch Habitzl.

Wir blieben unbeeindruckt. Für den angeschlagenen Gerritzen war Haverkamp, für Borufka Hermann auf den Rasen gekommen. Das Gefühl, heute kann uns nichts passieren, verstärkte sich von Minute zu Minute.

Bei einem Freistoß gegen uns bildeten wir eine Mauer. Ocwirk hob den Ball an uns vorbei in den freien Raum, Stojaspal nahm ihn auf, traf aber mit seinem Bombenschuß nur das Außennetz. Wieder eine Chance verpaßt?

Schlimm für die Wiener war auch, daß Toni Turek sich durch nichts, aber auch durch gar nichts aus der Ruhe bringen ließ. Jeden Hoffnungsschimmer, der bei gefahrvollen Bällen auftauchte, machte er mit kaltblütigen Paraden zunichte.

Kurz vor Schluß – fast alle Österreicher hatten sich verzweifelt in den Sturm geworfen – gelang im Gegenstoß ein rasantes Durchspiel zwischen Haverkamp und Preißler. Sie umspielten ein paar Mann, unter ihnen sogar den Torwart. Um sicher zu gehen, paßte Preißler, der nicht besonders günstig stand, noch einmal zu Haverkamp in die Mitte, der wenige Meter vor Musils Kasten das gemeinsam inszenierte Werk vollendete. 2:0! Kurz vor Schluß.

Trotzdem machte ich die Mannschaft, die sich begeistert in den Armen lag, noch mal munter. Es war schließlich nicht nötig, daß sich in das Resultat in den letzten Minuten ein Schönheitsfehler einschlich. Doch es blieb, zumal die Österreicher nach dem zweiten Treffer völlig resignierten, beim 2:0.

Die Sensation, das hochfavorisierte Österreich geschlagen zu haben, war komplett. Die Wiener gratulierten uns nicht, auch abends zogen sie sich nach dem offiziellen Teil des Banketts zurück. Wollten sie uns kränken? Bestimmt nicht. Doch die Niederlage war ihnen verständlicherweise so auf den Magen geschlagen, daß sie nichts als ihre Ruhe wünschten.

Mißverständnisse in Irland

Der Flug von Düsseldorf nach Dublin, wo wir am 17. Oktober 1951 gegen Irland spielen sollten, war für uns alle ein herrliches Erlebnis. Bei strahlendem Wetter hatten wir phantastische Sicht.

Auf der »Grünen Insel« wehte ein föhnartiger Wind, herrschte drückende Schwüle. Beim Auflockerungstraining glaubten wir alle, Blei in den Gliedern zu haben. Sehr enttäuscht waren wir auch vom Rasen im Dalymount-Park. Er war wohl frisch geschnitten, aber holprig und ungleichmäßig. Mit den wundervollen Rasenteppichen in England konnte er sich jedenfalls nicht messen.

Wir beschlossen, die Hintermannschaft genauso zu lassen wie im Wiener Prater-Stadion. Nur im Sturm gab es eine Änderung: Ich übernahm die Mitte zwischen Preißler und Morlock. Gerritzen und Hermann stürmten außen.

Zum Glück hatte sich die Temperatur auf fünfzehn Grad abgekühlt, als Schiedsrichter Ling aus England das Spiel anpfiff.

Mit Hingabe widmete ich mich sogleich der mir von Herberger zugedachten Aufgabe, den baumlangen irischen Stopper Burke aus seiner Position herauszulocken. Wir waren gerade dabei, uns mit Tempo, Kraft und Härte der Iren vertraut zu machen, als uns in der 9. Minute das Mißgeschick eines Eigentors unterlief. Die Schuld daran teilten sich Toni Turek und Jupp Posipal. In unseren Strafraum war eine weite Vorlage gekommen, nach der Jupp und der irische Mittelstürmer Glynn starteten. Zweifellos hätte Jupp in der Drehung mit dem rechten oder linken Fuß die Gefahr beseitigen können. Da verließ Toni seinen Kasten. Posipal, der den Gegner im Auge behalten mußte, hatte das nicht bemerkt. Als er den Ball nun doch nicht ins Feld zurückschlug, sondern ihn in leichtem Bogen zu seinem Schlußmann geben wollte, war das Unglück geschehen: Schöner hätte auch Mittelstürmer Glynn das Leder nicht in unser leeres Tor bringen können.

Dieses 0:1 wirkte sich spürbar aus. Unsere Mannschaft, die ja gerade erst angefangen hatte, zu ihrem Spiel zu finden, wurde nervös. Die Iren aber forcierten, von 30 000 tobenden Zuschauern angetrieben, ihr ohnehin beachtliches Tempo. Durch harte, geradlinige Kombinationen und pfeilschnelle Flügelwechsel setzten sie uns schwer unter Druck.

Mir machte noch etwas anderes zu schaffen. Der irische Masseur hatte zwei Klebeverbände um meine leicht lädierten Knöchel gelegt, um ihnen Halt zu geben. Doch sie saßen viel zu stramm. Durch die Hitze schwollen meine Füße an. Nach einer Viertelstunde glaubte ich, sie würden absterben. Ich war ständig drauf und dran, Herberger ein Zeichen zu geben, daß ich vom Platz gehen und die widerwärtigen Dinger herunterreißen wollte. Doch dann dachte ich mir: Bis du die Schuhe aus- und wieder angezogen hast, vergehen mindestens fünf Minuten. Wir liegen ohnehin mit einem Tor im Rückstand, beiß die Zähne zusammen!

Der Kampf zwischen »Rausgehen« und »Durchhalten« sollte auf unglückliche Weise entschieden werden: Bei einem Durchbruch umspielte ich in schnellem Zug zwei Iren. Ich befand mich fast in Höhe der Eckfahne, als ich am dritten vorbei wollte. Da der Raum knapp war, prallte ich mit der Kniescheibe gegen das Knie des gegnerischen Mittelläufers und bekam schlagartig fürchterliche Schmerzen. Ich wälzte mich hilflos am Boden. Das Spiel wurde unterbrochen. Herberger, Masseur und Ersatzspieler nahmen sich meiner an und brachten mich vom Platz. Bevor wir zur Kabine abbogen, sah ich gerade noch, wie der irische Halbrechte Fitzsimmons aus vollem Lauf den Ball in unser Tor schmetterte.

Balsam für meine Schmerzen war das nicht!

0:2 lagen wir im Rückstand. War das Spiel schon entschieden? Würde ich noch mal mitmachen können?

In der Kabine riß ich mir zunächst die gräßlichen Klebeverbände von den Knöcheln. Bei der Untersuchung meines Knies stellte sich heraus, daß bei dem Zusammenprall ein Nerv getroffen worden war – daher die schrecklichen Schmerzen. Die Stelle wurde mit Alkohol eingerieben und massiert. Herberger sah mich stumm und fragend an. Ich nickte ihm zu:

»Keine Sorge, es haut schon wieder hin!«

Mit den anderen ging ich nach der Pause auf den Platz. Der Ire, mit dem ich zusammengeprallt war, kam auf mich zu, schüttelte mir die Hand und zeigte teilnahmsvoll auf mein Knie.

»O.k.«, sagte ich.

Das irische Publikum traute seiner Mannschaft offenbar zu, sie könnte Bäume ausreißen, so infernalisch tobte es auf den Rängen. Doch man hatte bald heraus, daß wir mit aller Kraft aufholen wollten. Wir legten los, als wären elf neue, ausgeruhte Leute auf dem Rasen. Die Iren hatten entsprechend Hochbetrieb in der Abwehr und kamen kaum zu eigenen Aktionen.

In der 62. Minute gab mir Paul Mebus in halblinker Position einen Querpaß. Der Ball war noch in der Luft, da hatte ich schon geschaltet: Max Morlock, der sich von seinem Außenläufer löste und in die freie Gasse startete, mußte ihn bekommen. Ohne Zeitverlust hob ich das Leder in das Loch zwischen Mittelläufer und linkem Verteidiger. Max erzielte dann auch prompt den Anschlußtreffer.

1:2 – das hört sich schon besser an.

Jetzt kamen wir prächtig in Form. Vor dem Tor des Gegners spielten sich turbulente Szenen ab.

Zwei Iren verpaßten in der 75. Minute eine feingeschlagene Gerritzen-Flanke, ein dritter köpfte sie aus dem Torraum. Max stand ungünstig, den Rücken zum Kasten. Trotzdem wollte er natürlich riskieren, aus der Drehung heraus einzuschießen.

»Max, weg!«brüllte ich und stürmte auf ihn zu. Er kapierte sofort, sprang flink zur Seite und überließ mir den Ball. Ich erwischte ihn so, daß er wie eine Kanonenkugel ins Netz donnerte.

2:2! Der Mordsschuß brachte mir stürmische Gratulationen ein. Fünfzehn Minuten noch! Herberger signalisierte vom Spielfeldrand:

»Weiter so! Drauf! Aufs Tempo drücken!«

Und wir stürmten weiter. Die Iren mußten abwehren und kamen nur gelegentlich über die Mittellinie. Bei einem ihrer Vorstöße stand ich weit in der gegnerischen Hälfte und sah eigentlich gar keine Gefahr. Dennoch sollte uns diese anscheinend so harmlose Angelegenheit das Genick brechen...

Eine Flanke kam in unseren Strafraum. Posipal erreichte den Ball und lief mit ihm, von Mittelstürmer Glynn verfolgt, auf unser Tor zu. Da verließ Turek – daß ein Unglück aber auch nie allein kommt! – abermals im unrechten Augenblick seinen Posten. Jupp hatte Angst, ein zweites Selbsttor zu fabrizieren, er wußte nicht, wohin mit dem Leder. Wegschlagen? Zurückgeben: Ihm blieb keine Zeit mehr zum Überlegen. Toni war ganz nahe herangekommen. Zwischen ihm und Posipal versuchte Glynn seinen Fuß an den Ball zu bringen. Von einem richtigen Schuß konnte nicht die Rede sein. Das Leder sprang ihm ans Schienbein. Von dort rollte es – wohin? Ins Tor!

Es kullerte so lächerlich langsam, daß man atemlos glaubte, es würde noch vor der Torlinie liegenbleiben. Ob die irischen Zuschauer gepustet haben? Knapp hinter der Linie rührte sich der Ball nicht mehr.

So ein Dusel für die Iren! 2 : 3!

Es dauerte eine Zeitlang, bis wir uns mit der neuen Wendung abgefunden hatten. Wir schluckten ein paarmal tüchtig und stellten uns zum Anstoß auf. Acht Minuten blieben uns noch! Doch keine Idee, weiterspielen zu können! Tausend und mehr Fanatiker hatten den Platz überflutet.

»Um Himmels willen, so verschwindet doch«, flehten wir inbrünstig. Sieben Minuten noch! Sechs! Doch die Zuschauer hatten keine Lust, ihre Freudentänze einzustellen. Sie rückten sogar mit Autogrammblöcken an. Auch zu mir kamen ein paar. Na schön! Schiedsrichter Ling würde die verlorenen Minuten wohl nachspielen lassen.

Es kam auf die Sekunde an

Endlich war das Feld wieder frei. Wir brausten mit Volldampf los. Selbst Jackl Streitle und Kohlmeyer tauchten vorn im

Sturm auf. Jetzt war ohnehin alles egal: entweder uns glückte der Ausgleich, oder wir bekamen noch eins aufgebrummt! Es sah nicht schlecht für uns aus. Schätzungsweise fünfundzwanzig Meter vor dem Iren-Tor sprang ein weggeköpfter Flankenball auf. Eigentlich nichts zum Einschießen, dachte ich, als er mir vor die Füße kam. Abspielen? Dribbeln? Zeitverschwendung! Hau drauf! Ich erwischte das Leder mit drop-kick. Er rasierte fast den Rasen ab. Von mir aus gesehen, mußte es genau in die untere rechte Ecke einschlagen. Ich wollte bereits die Arme hochreißen und »Tor« rufen, da vollbrachte der irische Schlußmann Kiernan die beste Leistung des Tages. Mit den Fingerspitzen lenkte er – wie ihm das gelang, weiß ich nicht – den Ball um den Pfosten zur Ecke. Er flog in die hinter dem Tor stehenden Zuschauer.

Fiffi Gerritzen wartete, daß man ihm das Leder zuwarf. Doch wie aus einem Mund schrien Herberger vom Spielfeldrand und ich von meinem Platz aus:

»Fiffi, Tempo! Los! Beeil dich!«

Da holte Fiffi den Ball, raste zur Eckfahne und setzte ihn. Ling schaute auf seine Uhr. Unserer Berechnung nach war noch nichts verloren, denn der Schiedsrichter mußte doch wegen der Unterbrechung mindestens eine, wenn nicht zwei oder drei Minuten nachspielen lassen! Außerdem fehlten auch an den regulären neunzig Minuten noch ein paar Sekunden.

Weich und schön trat Gerritzen den Eckball in den Torraum. Dort hatte sich praktisch unsere ganze Mannschaft versammelt, die irische natürlich auch. Torhüter Kiernan war in einer Spielertraube eingekeilt. Fast einen halben Meter höher als die anderen sah ich Jackl Streitle in die Luft steigen. Mit phantastischem Kopfstoß schmetterte er den Ball ins Tor.

Im Augenblick, als das Leder die Torlinie passierte, ertönte ein Pfiff. Das konnte nur der Ausgleich sein! Ich freute mich besonders, weil unser Verteidiger Streitle zu Torehren gekommen war. Wir umarmten uns, während die Iren betreten herumstanden. Resigniert zuckten sie die Schultern. Daß ihnen das in der letzten Minute passieren mußte!

Schiedsrichter Ling gestikulierte. Was wollte er eigentlich? Deutete er zur Mitte oder zur Kabine? Die Iren umringten ihn. Uns schwante nichts Gutes, als sie, die eben noch so niedergeschlagen waren, auf dem Platz herumzuhüpfen begannen. Ling hatte unser Tor nicht anerkannt, sondern in dem Moment, in dem es zustande kam, das Spiel abgepfiffen. Wieso: Es konnte doch noch gar nicht Schluß gewesen sein!

Selbst die Zuschauer fühlten, daß etwas faul war im Staate Irland. Sie blieben auf ihren Plätzen. Es dauerte Minuten, bis über den Lautsprecher das Ergebnis bekanntgegeben wurde. Wir hatten 2:3 verloren!

Im Dalymount-Park ging es drunter und drüber. Wir zogen bedeppert in unsere Kabine ab. Herberger hatte es nicht leicht, uns aufzumöbeln.

»Trotz allem war es ein großartiges Länderspiel«, sagte er. »Ihr habt nicht nur gespielt, sondern auch gekämpft.«

Doch wir schüttelten traurig die Köpfe und fanden es unbegreiflich, daß Schiedsrichter Ling aus England uns um ein verdientes Unentschieden gebracht hatte.

Loch in der Vereinskasse

Zum erstenmal seit vier Jahren gelang es uns in der Saison 1951/52 nicht, Südwestmeister zu werden. Der 1. FC Saarbrücken lag mit klarem Vorsprung an der Spitze. Er überstand bekanntlich die Ausscheidungsrunden in bester Form und stieß bis ins Endspiel vor. Wir hatten einen würdigen Nachfolger gefunden.

Der 1. FC Kaiserslautern stand nach dem Ausfall der Endrundenspiele vor einer Kardinalfrage: Woher Geld nehmen, wenn nicht stehlen?

Die normalen Punktspiele hatten uns wie gewöhnlich nicht viel eingebracht. Volle Ränge gibt es auf dem Betzenberg nur, wenn die besten Vereine der Oberliga Südwest antreten. Die Clubs der zweiten Tabellenhälfte haben für das verwöhnte Lauterer Publikum wenig Anziehungskraft. Andererseits bringen wir bei jedem Auswärtsspiel den Gastgebern fette Einnahmen, ohne daran, wie es früher der Fall war, beteiligt zu sein.

Womit sollten wir also das Loch in der Vereinskasse stopfen, wenn die zugkräftigen Endrundenspiele für uns versperrt waren? Es blieb nur eine Möglichkeit – Privatspiele!

Im Juni 1952 gingen wir auf Tournee.

Das erzähle ich nur, um die oberflächliche Vorstellung, die man sich allgemein von einem Spitzenverein und von Spitzenspielern macht, zu korrigieren. Wer weiß schon etwas von dem harten Alltag, der sich oft hinter dem äußeren Glanz verbirgt?

Unsere Privatspielreise:

Samstag fuhren wir mit dem Bus nach Westfalen und schlugen den VfB Bielefeld 7 : 0.

Sonntag spielten wir 2 : 1 gegen Göttingen 05.

Montag reisten wir nach Kiel und gewannen am *Mittwoch* nach schönem Spiel gegen Holstein Kiel mit 3 : 1.

Donnerstag ging es nach Bremerhaven. Bei trostlosem Wetter warteten wir den *Sonntag* ab. An diesem Tag stand auch Saarbrücken im Finale gegen den VfB Stuttgart. Da wir unbedingt die Rundfunkübertragung hören wollten, hatten wir unser Spiel gegen Bremerhaven 93 vorverlegt und uns 2 : 2 untenschieden getrennt. Trotz ursprünglicher Rivalität mit dem 1. FC Saarbrücken hielten wir vor dem Radio den Kameraden aus dem Südwesten die Daumen und freuten uns, als sie 2 : 1 in Führung gingen. Daß es ihnen dann doch nicht vergönnt war, Deutscher Meister 1952 zu werden, tat uns von Herzen leid.

Mittwoch traten wir bei strömendem Regen gegen den Bremer Sportverein an. Mit Hilfe des starken Windes gingen wir 4 : 0 in Führung. In der zweiten Halbzeit half der Wind den anderen. Das Resultat hieß 4 : 2.

Donnerstag mußten wir bereits in Minden sein. Ich weiß nicht, wie es kam, jedenfalls waren wir viel zu spät dran. Das Spiel sollte um sieben Uhr beginnen, um halb sieben waren wir noch fünfzig Kilometer von Minden entfernt. Unser Fahrer holte aus dem Bus heraus, was er konnte; wir zogen uns inzwischen um, flogen beim Überholen und in den Kurven gegen die Sitze. Im Omnibus sah es aus wie in einer Räuberhöhle, als wir fünf Minuten vor sieben am Sportplatz vorfuhren. Blasse Vereinsvorstände nahmen uns in Empfang und atmeten erleichtert auf, als wir fix und fertig aus dem Bus sprangen. Trotz der Hetze reichte unsere Kraft noch zu einem 4 : 1-Sieg.

Am Freitag machten wir uns auf den Weg nach Bad Zwischenahn, um am *Samstag* eine Auswahlelf mit 11 : 2 zu schlagen.

Sonntags stand »Kickers« Emden auf unserem Programm. Todmüde fielen wir nach der Ankunft in Emden in die Betten. Eine halbe Stunde lang schliefen wir, dann erschienen bereits wieder Trainer und Masseur, um uns zu wecken. Schlaftrunken rappelten wir uns hoch. Man hatte uns Bäder mit eiskaltem Wasser, Alkohol und Fichtennadelextrakt bereitgestellt. Jeder sprang drei-, viermal hinein, um die Müdigkeit zu verscheuchen. Ausgerechnet an diesem Tag herrschte eine tolle Hitze. Wir trafen auf einen überraschend starken, gut ausgeruhten Gegner, der auch prompt 1:0 in Führung ging. Sollte uns das letzte von acht Spielen eine Niederlage bringen? Am Schluß der Halbzeit stand es 2:1 für uns.

Ich besitze ein Bild, das in der Pause aufgenommen wurde. Auf ihm erkennt man ein paar Knochengestelle, an denen Trikots schlotterten. So sehr hatte die Tournee an unseren Kräften gezehrt.

Mit letztem Ehrgeiz sicherten wir uns auch in diesem Spiel noch einen 4:2-Sieg.

Der Schlußpfiff war noch nicht verklungen, als ich mitten auf dem Platz meine Fußballstiefel von den Füßen riß. Welche Wohltat! Auf Strümpfen, die Schuhe in der Hand, lief ich zum Omnibus.

Der Verein schickte uns im Anschluß an diese 14-Tage-Reise für eine Woche zur Erholung nach Borkum. Wir genossen die Ruhe und bauten Sandburgen.

»Alles, nur keinen Ball mehr sehen bis August«, stöhnten wir. Doch es waren noch keine 24 Stunden vergangen, als die ersten Gummibälle auftauchten. Sie sehen und Fußball spielen war eins. Sturm und Hintermannschaft lieferten sich erbitterte Kämpfe.

So ist es nun mal: wir konnten unsere Haut zwar braun brennen lassen, aus ihr heraus aber konnten wir nicht.

DER SCHWARZE TAG VON PARIS

5. Oktober 1952! Ein rabenschwarzer Tag in der deutschen Fußballgeschichte!
Die Begegnung mit Frankreich im Pariser Stade de Colombes gehört zu den Spielen, die ich zwar vergessen möchte, aber leider nicht vergessen kann.
Was half es, daß ich nach der Katastrophe keine Zeitungen las, mich weigerte, etwas zu hören oder zu sehen? Ich weiß auch ohnehin genau, daß wir in Paris »Provinzfußball« geboten haben, und kenne auch den Schuldanteil, der mir bei dieser Niederlage zufällt.
»Ganz in Ordnung bin ich noch nicht«, gestand ich Herberger, bevor wir in unserem Schlafwagen auf dem Pariser Gare de l'Est einfuhren. Die Bandscheibenverletzung, die ich mir beim Spiel gegen Tura Ludwigshafen am Sonntag zuvor zugezogen hatte, war nicht restlos abgeklungen.
»Wir haben ja noch drei Tage Zeit, Fritz«, tröstete mich der Bundestrainer. Deuser wird Sie schon hinkriegen.«
Deuser, unser Masseur, kriegte mich auch hin. Auf dem langen Gang des Hotels probierte ich ein paar Starts, sie machten mir keine Schwierigkeiten. Ich war also wieder fit. Daß mir das Training einer ganzen Woche fehlte, glaubte ich nicht so ernst nehmen zu müssen. Viel mehr lag mir im Magen, daß Kohlmeyer, Streitle und Morlock nicht mit von der Partie waren. Natürlich durfte ich Herberger jetzt den Kopf mit solchen Bedenken nicht schwermachen.
»Die Franzosen werden heftig angreifen«, prophezeite er. »Wir wollen deshalb zunächst einen Stürmer mit in die Verteidigung nehmen.«
Wir spielten also wieder einmal mit Doppelstopper. Wientjes, der Aufstellung nach Halbrechter, war für den rechten Läuferposten vorgesehen. Posipal hatte als Mittelläufer den gegnerischen Mittelstürmer zu decken, Liebrich war Ausputzer. Selbst ich sollte, obwohl im Sturm nur noch vier Mann blieben, etwas

zurückgezogen spielen und mit weiten Steilpässen die schnellen Flügel Rahn und Termath sowie Mittelstürmer Ottmar ins Treffen schicken. Unsere Defensive sollte die Angriffslust des Gegners zunächst brechen, damit wir anschließend mit blitzschnellem Vorstoß in Führung gehen könnten.

Diese Rechnung war ohne den Wirt, das heißt ohne die Franzosen gemacht. Denn sie und nicht wir waren es, die nach wenigen Minuten das erste Tor schossen. Sie brachen auf der rechten Seite durch, wurden abgewehrt, kamen erneut in Ballbesitz. Turek warf sich dem schußbereiten Franzosen vor die Füße. Der Ball prallte weg, kam aber unglücklicherweise auf eine französische Stiefelspitze. Von dort rollte er die Linie entlang. Retter und Borkenhagen versuchten, ihn noch zu erreichen, doch das Leder war bereits ins Tor gekullert und dann am Außennetz liegengeblieben.

0:1! Auf solch dumme Art Tore verpaßt zu bekommen, tut weh. Da ist doch ein Mordsschuß, der zwischen die Pfosten rauscht, weiß Gott, reeller! Leider kann man in dieser Beziehung keine Ansprüche stellen. Wir mußten diesen Schlag verkraften. Wir taten es, ohne von unserer bisherigen Taktik, die Hintermannschaft auf Kosten des Sturms zu verstärken, abzuweichen.

Das Publikum der französischen Hauptstadt verhielt sich bemerkenswert objektiv und belohnte jede schöne Einzelleistung, gleich, ob von uns oder von der eigenen Mannschaft, mit herzlichem Applaus. Frankreichs Torwart Ruminski, der linke Verteidiger Marche, Mittelläufer Jonquet, der rechte Läufer Bonifaci, die Stürmer Kopa, Ujlaki und wie sie alle hießen, spielten teilweise hinreißend, elegant und schnell.

Trotzdem schaffte Ottmar bei einem plötzlichen Durchbruch den Ausgleich. Sein halbhoher Bombenschuß schlug knapp neben dem rechten Pfosten ein. 1:1!

Es waren nicht nur die 8000 deutschen Schlachtenbummler, die den prächtigen Treffer mit Beifall zur Kenntnis nahmen!

Aber immer noch fehlte uns der richtige Pepp. Im Vergleich mit den leichtfüßig, individualistisch und doch flüssig spielenden Franzosen fühlten wir uns ausgesprochen schwerfällig. Man kann diesen Zustand nicht so leicht erklären. Es schien jedenfalls, als hätten wir Zentnergewichte an den Beinen.

Als zu allem Überfluß Ottmar mit starkem Muskeleinriß vom Platz humpelte, glaubte ich, einen K.o.-Schlag versetzt zu bekommen. Nun war die Harmonie unseres dezimierten Sturms auch noch zerrissen!

Nur mangelhaft schaffte ich es, die Verbindung zwischen Hintermannschaft und Angriff herzustellen und für den nötigen Ball-»Nachschub« zu sorgen. Stollenwerk, der für Ottmar auf den Platz kam, mußte sich erst zurechtfinden, das war klar. Auch er hing weit zurück. Wir hatten keine Sturmspitze mehr, nur die beiden Flügel waren noch vorn. Ich versuchte mich vorzuschieben, Stollenwerk sollte an meiner Stelle die Aufbauarbeit leisten. Aber es klappte hinten und vorn nicht. Wir waren heilfroh, als wir uns trotz der Feldunterlegenheit mit 1:1 in die Kabine retteten. Herberger schimpfte nicht mit uns, dazu ist er viel zu klug. Im Gegenteil, er versuchte, uns gut zuzureden: »Noch ist nichts verloren. Ob es 0:0 steht oder 1:1 – unsere Rechnung ist bis jetzt aufgegangen. Wenn ihr nur flüssiger spielen würdet...!«

An jedem anderen Tag hätte uns sein Zuspruch aufgemuntert. Das Resultat war ja wirklich noch nicht zum Haareausraufen. Aber wir wußten besser, was mit uns los war. Jupp Posipal und Schanko hatten genau wie ich nicht ihren besten Tag. Werner Liebrich überragte alle, aber er tat sich auch leichter als die anderen, weil er keinen direkten Gegenspieler hatte. Retter und Borkenhagen, die Verteidiger, hielten sich soweit gut, doch dem Sturm fehlte jeglicher Zusammenhalt.

Die zweiten fünfundvierzig Minuten brachten zunächst einen ununterbrochenen Ansturm der Franzosen. Doch als nach einer halben Stunde ihr Führungstor immer noch nicht gefallen war, wurden die Zuschauer unwillig. Die Franzosen spielten um soviel besser als wir! Warum schafften sie es nicht, in Führung zu gehen? Durch unser Deckungssystem waren sie gezwungen, aus weiter Entfernung, also zwangsläufig ungenauer zu schießen. Turek und der Hintermannschaft verdankten wir allerhand. Wie ließe es sich sonst erklären, daß die Entscheidung erst in den letzten zehn Minuten fiel?

Doch vorher eine Chance für uns: Berni Termath brach durch, schob, anstatt selbst zu schießen, das Leder zu Rahn. Helmut ließ mit dem linken eine Bombe am langen Eck vorbeizischen.

»Warum hast du nicht selbst geschossen, Berni?« fragte ich Termath hinterher.

»Ach, weißt du, Fritz, wenn ich bei unseren Vereinsspielen einen solchen Ball zum Boß abgebe, kann ich mich hundertprozentig darauf verlassen, daß es ein Tor gibt.«

Da wir einen Stürmer in die Deckung zurückgezogen hatten, blieb den Franzosen ein freier Mann. Bonifaci, der später als »König des Spielfelds« gefeiert wurde, war auf dem Papier mein direkter Gegenspieler. Doch hatte er es verhältnismäßig leicht, mich kaltzustellen, sah ich mich doch praktisch immer zwei Leuten gegenüber. Mittelläufer Jonquet, der nach Ottmars Ausscheiden ziemlich freie Hand hatte, konnte ihm jederzeit sekundieren. Griff ich Bonifaci an, schob er zu Jonquet. Lief ich zu Jonquet, war der Ball bereits wieder bei Bonifaci. Von einem normalen Kräftemessen Mann gegen Mann konnte unter diesen Voraussetzungen nicht die Rede sein.

Zehn Minuten vor Schluß: Ein Einwurf von rechts war unglücklich abgewehrt worden. Stollenwerk spitzelte dem abschlagbereiten Jupp Posipal den Ball vom Fuß und ausgerechnet zu Cisowski, dem freistehenden Halbrechten. Der ging auf das freundliche Angebot bereitwillig ein und schoß aus zehn Metern unhaltbar ins Netz.

1 : 2!

Die Situation, aus der heraus dieses Tor fiel, war ebenso bedauerlich, wie das Mißgeschick, das uns zwei Minuten vor Schluß das 1 : 3 einbrachte:

Deladerrière, der französische Linksaußen, trat eine Ecke von links, Liebrich, der von uns allen am günstigsten stand, verrechnete sich und sprang zu früh. Als der Ball den höchsten Punkt erreicht hatte, war Werner schon wieder beim »Abstieg«. Das Leder streifte nur noch seine Haare und kam dem Halblinken Strappe direkt vor die Füße. Zwischen Turek und dem am Pfosten stehenden Erich Retter hindurch schoß er das dritte Tor:

1 : 3!

Kurz darauf wurde das »Trauerspiel« abgepfiffen. Die französischen Zuschauer waren maßlos enttäuscht von uns, hatten sie sich doch die deutsche Mannschaft viel stärker vorgestellt.

»Es war direkt peinlich. Wir haben uns regelrecht vor den Franzosen geniert«, beschrieb ein Freund, der nach Paris gekommen war, die Stimmung auf den Rängen. Nun gut, Paris ist eine wunderschöne Stadt. Montmartre, Montparnasse und die Champs-Elysées haben mancherlei zu bieten. Das Fahrgeld dürfte trotz unserer Panne niemand gereut haben!

In Paris war der gottlob seltene Fall eingetreten, daß sozusagen unsere ganze Elf unter Form spielte. Keiner war fähig, den anderen aufzurichten. Wie krasse Neulinge hatten wir uns benommen. In der Kabine stand Herberger einer traurigen Gesellschaft gegenüber. Alle ließen die Köpfe hängen. Viel zu sagen gab es nicht. Wir wußten, was wir von der Presse nach diesem Spiel zu erwarten hatten.

In trostloser Stimmung fuhren wir ins Hotel.

»Ja, was ist, wollt ihr nicht singen?« fragte der Bundestrainer. Und als ob alles von mir abhinge, fuhr er fort: »Mensch, Fritz, lassen Sie sich doch nicht so gehen! Zu ändern ist nichts mehr. Sorgen Sie lieber für Stimmung!«

Wir sangen dann auch, zwar nicht gerade aus voller Brust, aber immerhin...

Krise

Bei mir löste der Schock, den mir das Spiel in Paris versetzt hatte, eine regelrechte Krise aus. Ich stand kurz vor meinem 32. Geburtstag. Durfte ich die Warnung, endlich die Fußballschuhe an den Nagel zu hängen, in den Wind schlagen?

»Sie haben selbst gesehen, was mit mir los ist«, sagte ich zu Herberger, der sich auf der Rückfahrt im Schlafwagen bei einem Glas Bier mit mir unterhielt.

»Machen Sie sich doch nicht verrückt!« schimpfte er. »Oft glaubt man, Kondition zu haben, dann kommt mit einemmal was dazwischen. Kondition ist schließlich nicht nur Kraft zum Laufen, auch seelisches Gleichgewicht gehört dazu!«

»Trotzdem bitte ich Sie, in Zukunft keine Rücksicht mehr auf mich zu nehmen. Sie wollen das Beste für den deutschen Fußball, aber ich will es auch. Darum...«

»Hören Sie auf, hören Sie auf«, unterbrach mich Herberger – zu reden, meinte er natürlich, nicht spielen. »Erzählen Sie doch nicht solchen Quatsch! Ich brauch' Sie noch. Nicht nur ein Jahr, ich brauch' Sie noch jahrelang!«

AUGSBURG – LUDWIGSHAFEN – MADRID

Dem Drama von Paris folgte am 9. November 1952 das Länderspiel gegen die Schweiz in Augsburg. Jeder erwartete eine völlig umgekrempelte Nationalelf. Besonders stürmisch schrie man nach einem Nachfolger für mich. Herberger aber schrieb mir unbeeindruckt davon in einem Brief, daß er fest mit mir rechne. Vergeßt Paris! Das war das Motto, unter dem sowohl die Vorbereitung als auch das Spiel selbst standen. Die Mannschaft, der Herberger diesmal vertraute: *Turek; Retter, Kohlmeyer; Eckel, Posipal, Schanko; Klodt, Morlock, Ottmar Walter, Fritz Walter, Schäfer.*

»Sie spielten wie im Fußballhimmel«, schrieben nachher die Zeitungen. So war es wirklich: Am 9., einem kühlen, frischen Novembertag, stürmten wir gegen die Schweiz und rissen in Begeisterung und brennendem Ehrgeiz auch die beiden Neulinge Schäfer und Eckel mit. Eckel zeigte, daß er weder Müdigkeit noch Nerven kennt, und Hänschen Schäfer schoß das erste und – um es gleich gründlich zu machen – auch das zweite Länderspieltor seines Lebens. Ich fühlte mich wie neugeboren, voll Energie und Unternehmungsgeist.

Wir gewannen 5 : 1!

Vergeßt Paris!

✳

Schon am 21. 12. 1952 erwartete uns eine besonders schwere Aufgabe: das Spiel gegen Jugoslawien in Ludwigshafen.

Es regnete seit Tagen, auch am Sonntagmorgen goß es noch in Strömen. Herberger fuhr nach dem Frühstück zum Stadion. Er sah nichts als riesige Lachen. Das Wasser lief teilweise nicht mehr ab, sogar die Laufbahn war überschwemmt. Nassen, glitschigen Rasen haben wir zwar gern, aber das war entschieden des Guten zuviel.

Um zwölf Uhr fuhren wir alle zum Platz. Inzwischen war die Feuerwehr alarmiert, um die größten Seen trockenzulegen. Wir gaben uns gegenseitig Vorlagen, um zu sehen, wie das Leder rollte. Es blieb immer wieder im Dreck stecken.

»Da hilft nichts«, sagte Herberger, »ihr müßt halbhoch spielen. Flache Kombinationen haben keinen Zweck. Auf zum Flugballspiel!«

Als wir mit den Jugos das Spielfeld betraten, war das Stadion bis auf den letzten Platz besetzt. Mit Genugtuung hatte man zur Kenntnis genommen, daß wir beinahe in Augsburger Besetzung antraten. Nur zwei Umstellungen wurden vorgenommen: an Stelle von Klodt spielte Rahn, an Stelle von Schäfer Termath.

Wir hatten einen guten, um nicht zu sagen sensationellen Start. Benjamin Eckel stürmte frech und sorglos mit dem Ball am Fuß davon, schleppte das Leder durch die Wasserlachen von rechts bis fast nach linksaußen und versuchte, mit Steilpaß Berni Termath einzusetzen. Leider scheiterte der draufgängerische Coup am rechten Verteidiger der Jugos. Es gab einen Ausball.

Wir wußten aus Erfahrung, daß Berni, so klein und zierlich er ist, unwahrscheinlich weit einwirft. Darauf stellten wir uns ein. Ottmar, Schanko und Eckel liefen Termath entgegen, als wollten sie einen Einwurf aus der Nähe abfangen. Die jugoslawischen Verteidiger fielen, wie gewünscht, auf die Täuschung herein und gingen mit. Dann kam Termaths Einwurf – hoch und weit. Stopperriese Horvath wollte mit dem Kopf abwehren, rutschte aber aus und schlug der Länge nach hin. Ich war rechtzeitig gestartet und schneller am Ball als der herausstürzende und sich tollkühn werfende Beara. Mit der rechten Innenseite schoß ich gerade noch unter ihm hinweg das erste Tor für uns. 1:0! Das hatte niemand erwartet.

Die Zuschauer, die zuerst noch gelacht hatten, wenn wir meterweit über den Rasen schlitterten, merkten bald, was es für uns Spieler und den englischen Schiedsrichter Ellis bedeutete, durchzuhalten. Oft stand einer von uns im schönsten Dribbling plötzlich vor einer Wasserlache, trat den Ball, aber der war stur und bewegte sich nur ein paar Zentimeter weit. Abermals treten – wieder ein paar Zentimeter. Inzwischen funkte ein Gegner dazwischen und spritzte dem Angreifer ganze Dreckfontänen ins Gesicht. Eine Erbauung war das nicht!

Trotz aller Schwierigkeiten spielten die Jugos einen exzellenten Fußball. Sie machten nur den Fehler, sich auf das von Haus aus

142

gewohnte Kurzpaßspiel zu verlegen. Ganz auf ihre großartige Technik vertrauend versuchten sie, unsere Deckung auseinanderzureißen. Aber die deutsche Hintermannschaft und die Bodenverhältnisse ließen das nicht zu.

Wir hingegen überbrückten Raum und Pfützen durch weite, halbhohe Pässe. Einmal, als ich auf der linken Seite ein paar Gegner auf mich gezogen, im letzten Moment aber noch einen Querpaß nach rechts abgegeben hatte, bot sich uns eine große Chance. Der Bombenschuß von Rahn saß richtig, aber Beara hielt phantastisch.

Kurz vor Schluß der ersten Halbzeit fielen nicht weniger als drei Tore!

Nach einem abgewehrten Angriff von links prallte Linksaußen Zebec mit Toni Turek zusammen. Den Nachschuß stoppte Jupp Posipal auf der Torlinie mit der Brust und versuchte, das Leder sofort nach linksaußen zu schlagen, wo Termath und ich standen. Der glatte, nasse Ball flog nicht weit genug. Er kam zu Cajkovski, der sich – mea culpa – ungedeckt knapp außerhalb des Strafraums befand. »Tschick« nahm den Ball aus der Luft und schmetterte ihn dreiviertelhoch in unser Tor. Toni flog in die bedrohte Ecke, hätte den Ball vielleicht auch noch erreicht, wenn... Kohlis Scheitel nicht gewesen wäre. Über ihn glitt das rutschige Leder, änderte die Flugrichtung um Millimeter, um die Millimeter, die eventuell... aber das ist glatte Haarspalterei! 1 : 1!

Sofort übernahmen die Jugos das Kommando. Zwei Minuten später: Zebec raste die Linie entlang, umspielte Retter und legte sich den Ball vor, allerdings etwas weit. Turek stürzte heraus und wehrte mit dem Fuß ab. Zebec schoß im selben Augenblick, der Ball stieg senkrecht in die Luft. Etwa beim Elfmeterpunkt kam er wieder herunter. Da war Bobek wie der Blitz zur Stelle und köpfte in das leerstehende Tor. Doch bevor das Leder sein Ziel erreichte, hechtete Kohli durch die Luft. Mit dem Kopf wollte er das Unglück abwenden. Als er merkte, daß er seine Denkerstirn nicht mehr hinbrachte, nahm er verzweifelt eine Hand zu Hilfe. Schiedsrichter Ellis hatte gut aufgepaßt. Der Elfmeter gegen uns ging in Ordnung. Bobek täuschte Toni und holte für die Jugoslawen die Führung.
1 : 2!

Wir ließen uns nichts anhaben. Vom Anpfiff weg stürmten wir los und erzielten eine Ecke von links. Ich wollte das Leder möglichst hoch vor das Tor schlagen, um meinem Bruder, dem Kopfballspezialisten, eine Chance zu geben. Doch bei dem glatten Boden rutschte mir das Standbein ein wenig weg. Der durch die Nässe verteufelt schwer gewordene Ball kam gegen meine Absicht mit ziemlicher Fahrt halbhoch in den Strafraum. Ein Verteidiger versuchte abzuwehren. Da flitzte Maxl Morlock dazwischen. Im Sprung lenkte er das Leder halb mit dem Fuß, halb mit dem Schienbein ins Netz. 2 : 2!

Der Ausgleich knapp eine Minute vor der Halbzeit war mit Gold nicht zu bezahlen. Umbraust von Jubel der zufriedenen Zuschauer gingen beide Mannschaften in die Kabinen.

»Dobre, dobre«, sagte Cajkovski

Trotz des schweren Bodens fühlten wir uns nach den ersten 45 Minuten noch recht munter. Wir wechselten schnell Hosen und Trikots und kratzten den Dreck zwischen den Stollen weg. Zu massieren gab es nicht viel, denn unsere Beine waren schmutzverkrustet.

Wir nahmen uns vor, nach dem Wiederanpfiff mit ungebrochenem Elan weiterzukämpfen. Doch es zeigte sich, daß der aufgeweichte Boden seinen Tribut gefordert hatte. Beide Mannschaften brauchten eine Viertelstunde, bis sie dem Spiel wieder den erbitterten Rhythmus der ersten Halbzeit zu geben vermochten. Langsam festigte sich bei uns allen das Gefühl: Wer das nächste Tor schießt, wird Sieger sein!

In der 68. Minute paßte Max Morlock den Ball zu Helmut Rahn, der in Höhe der Mittellinie stand. Der Boß schleppte ihn ein ansehnliches Stück nach vorn, war aber immer noch etwa zwanzig Meter vom Tor entfernt. Weder Beara noch jemand von uns rechnete damit, daß er aus dieser Entfernung schießen würde. Doch Helmut drosch munter drauflos. Der Ball sauste haarscharf über die Grasnarbe in die untere rechte Ecke. Beara warf sich geschmeidig wie ein Panther, kam jedoch um den Bruchteil einer Sekunde zu spät.

3 : 2! Zwanzig Minuten noch!

144

Die Jugoslawen kämpften um den Ausgleich, wir um einen größeren, sichereren Vorsprung. Dabei konnte man getrost behaupten, daß wir dem vierten Tor näher waren als die Jugoslawen dem dritten.

Einmal lancierte der Boß einen Freistoß, den ich in den Torraum hineingehoben hatte, per Kopfball in Bearas fangbereite Arme. Ein anderes Mal spielten sich Max und Ottmar durch. Max schoß. Mit den Fingerspitzen konnte der jugoslawische Schlußmann gerade noch abwehren.

»Tschik«, meinen gefährlichen, wendigen und intelligenten Gegenspieler, ließ ich nicht aus den Augen. Einmal raste ich ihm bis in den eigenen Torraum nach, um ihn vom Ball zu trennen. Und doch stand unser Sieg wenige Minuten vor Schluß auf wackeligen Füßen. Aus dem Mittelfeld hob Cajkovski einen Freistoß wunderbar vor das Tor. Ungefähr zehn Meter vor dem Kasten sprang Linksaußen Zebec unglaublich hoch und köpfte den Ball um Millimeter über die Latte. Das war noch mal gutgegangen! Schlußpfiff!

»Tschik«, der Spielführer der Jugoslawen, lief gleich auf mich zu, drückte mir die Hand und legte seinen Arm um meine Schulter.

»Boden schlecht! Mannschaft gut! Dobre, dobre«, sagte er. Auch Schiedsrichter Ellis war begeistert.

»Wonderful german team!« lobte er. Herberger stand dabei und nahm die Anerkennung freudestrahlend zur Kenntnis.

Spanische Kulisse

Jetzt erst hatten wir Zeit, daran zu denken, daß in wenigen Tagen Weihnachten war. Auch für Fußballspieler! Aber mit Gänsebraten? Kuchen? Plätzchen?

»Um Gottes willen, überfreßt euch nicht«, flehte der Bundestrainer. »Kommt mir am ersten Weihnachtstag gesund nach Köln!«

Wir kamen und flogen von Köln-Wahn aus nach Madrid, um am 28. Dezember 1953 gegen Spanien zu spielen.

»Seien Sie vorsichtig, Fritz«, warnte Herberger, als ich beim Training im Chamartin-Stadion Elfmeterschießen übte. »Treten Sie nicht immer nur in eine Ecke, die spanischen Beobachter könnten sonst Schlüsse ziehen!«

Linkes Eck, rechtes Eck, linkes Eck, rechtes Eck! Folgsam dirigierte ich das Leder.

»Keine Bedenken!« meinte Herberger bei der Spielersitzung. »Es dreht sich letzten Endes nur darum, die Leistung von Ludwigshafen zu wiederholen.«

Wir – dieselben elf Mann wie in Ludwigshafen – liefen ins Stadion ein, empfangen von herzlichem Beifall der Spanier. Als Schiedsrichter Orlandini anpfiff, bekamen wir aber erst den richtigen Vorgeschmack vom südländischen Temperament unserer Gastgeber. Mit unwahrscheinlichem Stimmaufwand peitschten sie ihre Mannschaft an.

In unserem Strafraum brannte es lichterloh.

»Nur nicht nervös werden!« riefen wir einander zu, und die Verteidigung hielt wirklich dicht.

In der 7. Minute glückte uns, und nicht wie erwartet den Spaniern, der große Coup. Der Gegner hatte bei seinen leidenschaftlichen Angriffen die Deckung vernachlässigt. Eckel dribbelte in den Strafraum. Das erste Abspiel mißlang, doch Termath schickte den abgewehrten Ball mit Querpaß nach halbrechts.

»Gib her!« wollte ich gerade Ottmar zurufen, denn ich stand zwölf Meter vor dem Tor frei und witterte eine günstige Gelegenheit. Doch Ottes hatte schon aus dem Stand mit dem linken Fuß eine tolle Bombe losgelassen, die in der rechten Ecke halbhoch einschlug.

1 : 0!

Im riesigen Stadion von Chamartin war es ein paar Sekunden lang totenstill, dann aber klang doch Beifall für uns auf.

Das Spiel verlief nun ziemlich ausgeglichen. In der 20. Minute kamen die Spanier durch ihren Kapitän, Linksaußen Gainza, zum Ausgleich.

1 : 1!

In der 27. Minute gab es einen bedauerlichen Zwischenfall. Navarro, der spanische Rechtsverteidiger, und Ottmar sprangen einem Ball entgegen. Dabei krachten sie so unglückselig mit den Köpfen zusammen, daß sie beide wie erschossen zu Boden fielen und, die Beine weit von sich gestreckt, liegenblieben. Keiner von ihnen tat noch einen Muckser. Das Spiel wurde unterbrochen. Alles eilte zu den Pechvögeln. Navarro hatte eine Platzwunde über der Augenbraue, Ottmar war am Hinterkopf verletzt. Das Blut lief ihm ins Gesicht.

Die Masseure kamen herein. Ihr Befund: beide Spieler sind nicht mehr einsatzfähig. Deuser legte meinem Bruder ein Handtuch über den Kopf, es war sofort blutdurchtränkt. Mühsam brachte man ihn auf die Beine. Benommen schwankte er hin und her. Herberger und Deuser führten ihn vom Platz.

In meiner Magengrube fing es zu bohren an. Sollte mich der Ausfall von Ottmar so aus der Fassung bringen wie in Paris? Ich riß mich zusammen.

Für Navarro schickten die Spanier einen neunzehnjährigen Andalusier herein, Campanal. Für Ottes kam Metzner. Er brachte Herbergers Anweisung mit, daß ich nun in der Mitte stürmen sollte. Metzner, der meinen halblinken Posten bezog, war noch keine drei Minuten da, als er auf der rechten Seite durchkam und eine Flanke vor den Kasten hob. Morlock und Torwart Eizaguirre starteten. Max wollte köpfen, der Schlußmann fausten. Zwischen beiden zog der Ball am Tor vorbei. Da schoß als lachender Dritter von links Termath heran und beförderte ihn aus drei, vier Metern über die Linie.

2:1! Dieses Führungstor war verteufelt wichtig für uns, denn der Zwischenfall mit Ottmar hatte deprimierend genug gewirkt. Bis zur Halbzeit blieb es bei dem beruhigenden Resultat.

»Für einen Kampfflieger, der direkt aus dem Einsatz kommt, siehst du doch ganz manierlich aus«, sagten wir in der Kabine zu Ottmar, dem man einen riesigen Verband um den Kopf gelegt hatte. Er lächelte bei allem Elend, und wir waren froh, daß er die zweiten 45 Minuten wenigstens von der Zuschauerbank aus miterleben konnte.

Es begann wieder mit Furor espagnol. Wir bremsten, aber die feurigen Señores kamen doch auf Touren. Aber schließlich waren wir wieder an der Reihe. Ein Spanier klärte auf der Linie. Metzner erhielt einen abgewehrten Flankenball, schoß, das Leder sprang an den Pfosten und von dort ins Feld zurück. Max nahm eine Flanke von mir auf, schoß ebenfalls, aber ein Verteidiger warf sich in die Flugbahn des Balls und wehrte zur Ecke ab. Das 3:1 lag in der Luft, es wäre durchaus verdient gewesen. Aber es kommt ja meist anders als man denkt.

In unserem Strafraum, zwischen Elfmeter und Strafraumgrenze, landete ein völlig harmloser Ball. Horst Eckel lief ihm entgegen, um ihn mit der Brust zu stoppen und dann nach vorn zu schlagen. Durch eine Unebenheit des Bodens sprang ihm das Leder an den Oberarm.

Schiedsrichter Orlandini pfiff. Elfmeter!

Ein gräßlicher Pfiff war das! Grell und schrill! Pfui Teufel! Alarm, wo eben noch tiefster Friede herrschte, denn eine torreife Situation war das nicht, die Horst hatte abbiegen wollen. Todunglücklich faßte er sich an den Kopf.

Mittelstürmer Cesar verwandelte den Elfmeter, nicht gerade unhaltbar, immerhin ... der Ball war drin.

2:2.

Eckel putzte sich ein paar Tränen aus den Augen. Jupp, Erich, Kohli, Schanko – wir alle liefen auf ihn zu und nahmen ihn um den Hals.

»Kopf hoch, Horst, du hast halt Pech gehabt!«

»Nur weiter, die packen wir noch!«

»Jetzt erst recht!«

»Daß ausgerechnet ich schuld bin, wenn wir verlieren!« jammerte unser Benjamin immer noch fassungslos.

»Mensch, Horst, jetzt hör aber auf!« fuhr ich ihn an.

Da gab er sich sichtlich einen Ruck und war wieder der alte mit dem unerläßlichen Mumm.

Den Spaniern wurde von den Rängen des imposanten Stadions herunter mächtig eingeheizt. Sie brachten den Ball auch noch ein drittes Mal ins Tor. Zum Glück stand der Schütze vorher klar abseits. Solche Tore erträgt man!

In der letzten Viertelstunde wollten wir aufs Ganze gehen. Unsere Kondition reichte noch.

»Kinder, jetzt ein Sieg! Dann hätten wir in einer Woche zwei Fußballgroßmächte in die Tasche gesteckt!«

Doch das 3:2 gelang uns nicht. Hüben und drüben gab es noch Chancen. Sie wurden übersehen, verpaßt, versiebt oder abgewehrt. So kam ich beispielsweise einmal nicht um den spanischen Torhüter herum. Eizaguirre war mir entgegengestürzt und versperrte den Weg ins kurze Eck. Im langen Eck aber wachte bereits ein Verteidiger. Wohl oder übel mußte ich also den Torwart umspielen, doch bevor ich den Ball da hatte, wo ich ihn haben wollte, berührte ihn Eizaguirre mit der Fußspitze, das Leder rutschte mir zwischen den Beinen hindurch, ein Verteidiger schlug es weg. Aus der Traum!

Fünf Minuten waren noch zu spielen. Wir einigten uns, nun das Unentschieden um jeden Preis zu halten. Die Verteidiger sollten wachsam wie Luchse sein, die Außenläufer nur mehr dekken. Metzner und ich gingen zurück, lediglich Rahn und Termath lauerten noch vorn.

Buchstäblich in letzter Minute gelang uns ein Durchbruch. Ich drehte mich um zwei Spanier, sah Termath auf halblinks laufen und schickte ihm einen Paß. Berni war in vollem Spurt. Da er mit dem rechten Fuß so gut schießt wie mit dem linken, brauchte er den Ball, so wie er kam, nur über den herausstürzenden Torwart zu heben oder flach an ihm vorbeizuschieben. Er zog das »Drüberheben« vor, leider aber so gründlich, daß das Leder über Eizaguirre und seinen Kasten flog.

»Ich wußte gar nicht, daß ich schon so nah am Tor war«, entschuldigte er sich hinterher.

Der Abstoß wurde noch ausgeführt, dann kam der Schlußpfiff. Essig war's mit dem Sieg, doch wir gaben uns in diesem speziellen Fall auch mit dem Unentschieden zufrieden.

Auf dem Flugplatz in Köln-Wahn erwarteten uns mehrere Tausend begeisterte Fußballfreunde und – ein Meerschweinchen. Vor dem Flug nach Madrid hatte es mir ein Unbekannter als Talisman geschenkt. In Begleitung von Eckel, Kohli, Ottmar und mir trat es die Fahrt nach Kaiserslautern an... und wenn es nicht gestorben ist, so lebt es heute noch. (Wer's nicht glaubt, kann im Garten der Familie Kohlmeyer nachsehen.)

WIEDER HOLTEN WIR DIE »VIKTORIA«

Nach einjähriger Zwangspause hatten wir es 1953 erneut geschafft, Südwestmeister zu werden. Bei den Ausscheidungskämpfen um die Deutsche Fußballmeisterschaft kamen wir in die Gruppe I. Unsere Konkurrenten hatten klangvolle Namen: 1. FC Köln, Eintracht Frankfurt und Holstein Kiel. Die Gruppe II setzte sich aus dem VfB Stuttgart, dem Hamburger SV, der Borussia Dortmund und Union 06 Berlin zusammen.
Stuttgart und Dortmund lagen nach fünf Spielen punktgleich im Rennen. Erst als der VfB die Borussia im entscheidenden Match 2:1 schlug, stand der Sieger der Gruppe II und damit ein Finale-Teilnehmer fest: der VfB Stuttgart.
Wie sah es in unserer Gruppe aus?
Anfangs nicht rosig! Der 2:1-Sieg über Holstein Kiel in Ludwigshafen fiel uns nicht leicht. Doch schon bei der nächsten und weitaus schwereren Prüfung gegen den 1. FC Köln hatten wir unseren Motor gewaltig angekurbelt und besiegten die spielstarken Rheinländer 2:1. Eintracht Frankfurt hatte das Pech, uns durch ein Eigentor 0:1 zu unterliegen. Schon acht Tage später fanden wir Gelegenheit, beim Rückspiel ein klares Torverhältnis zu erzwingen. Innerhalb von zwanzig Minuten gingen wir 4:0 in Führung und verabschiedeten uns mit einem eindeutigen 5:1-Sieg. Damit hatten wir nach vier Spielen acht Punkte erobert. Noch ein Punkt, und das Finale war uns sicher. Das Rückspiel gegen Köln fand in Ludwigshafen statt und stand bis zur letzten Minute 2:1 für uns. Durch ein Eigentor – übrigens hatten sich auch die Kölner eines geleistet – hieß es zum guten Schluß noch 2:2. Die erforderlichen Punkte hatten wir trotzdem zusammen. Das letzte Gruppenspiel in Kiel, das wir 4:2 gewannen, war mehr eine freundschaftliche Auseinandersetzung und hatte praktisch keine Bedeutung mehr.
Zur großen Enttäuschung unserer südwestdeutschen Landsleute wurde als Austragungsort des Endspiels, wie 1951, wieder Berlin bestimmt. Zahllose Freunde des FCK, die keine dicke Brieftasche hatten, standen damit »abseits«.

Eine gute Dreiviertelstunde lang kreiste unser Flugzeug wie eine Reihe anderer Maschinen über der ehemaligen Reichshauptstadt, Warum konnten wir nicht landen? Noch hatten wir keine Ahnung von dem Aufstand in Ostberlin, der im Luftkorridor nach der Vier-Sektoren-Stadt besondere Maßnahmen notwendig machte. Am nächsten Tag tauchte das Gerücht auf, das Finale sollte nach Augsburg verlegt werden. So weit kam es aber nicht. Allerdings blieb ein Teil der Plätze im Olympia-Stadion leer, weil die Kartenbesitzer aus dem Sowjetsektor der Stadt nicht erscheinen konnten.

»Mir schwant, ich habe den Deutschen Meister 1953 gesehen«, hatte der Berliner Journalist Ernst Werner geschrieben, als wir in Kaiserslautern den 1. FC Saarbrücken sensationell 9:0 schlugen. Das war im Winter. Als ich ihm jetzt in Berlin gegenüberstand, erinnerte ich ihn an seine Prophezeiung:

»Hoffentlich behalten Sie recht!«

Ich unterschätzte unseren Endspielgegner, den verdienten Sieger des Vorjahres, gewiß nicht, dennoch war ich innerlich felsenfest davon überzeugt, daß wir diesmal die Überlegenen sein würden.

»Morgen werden wir zum zweitenmal Deutscher Meister!« behauptete ich fest und steif bei der Spielersitzung am Samstagabend. Werner Liebrich blinzelte mich aus seiner Ecke ungläubig an und schüttelte den Kopf.

»Ihr könnt mir ruhig glauben«, beteuerte ich, »ich hab' meiner Frau schon gesagt, wie sie die Girlanden aufhängen soll.«

»Du willst ja bloß deinen Sekt gewinnen, Friedrich«, erinnerte mich einer. Schon 1952, auf der Rückfahrt von unserer Privatspielreise, hatte ich gegen alle gewettet, daß wir in der kommenden Saison wieder in die Endrunden und ins Finale kämen und die Viktoria heimbrächten.

Zuversicht steckt an. In optimistischer Stimmung fuhren wir am Sonntag, den 21. Juni 1953, ins Olympia-Stadion.

In der Kabine trafen wir Alfred Birlem, ehemals einer der bekanntesten deutschen Schiedsrichter, jetzt Leiter des Berliner Verbandsheimes. Birlem bewies in punkto Resultate immer schon einen guten Riecher. Er hatte uns 1951 den Sieg gegen Preußen Münster vorausgesagt. Vor dem verlorenen Türken-Spiel am 17. Juni 1951 hingegen reagierte er äußerst pessimistisch: »Ich sag' lieber nichts«, war er unserer Fragerei aus dem Weg gegangen. Auch heute hätten wir gern seine Meinung gewußt. Da Birlem ein bißchen schwerhörig geworden ist, schrie ich ihm ins Ohr:

»Wie geht's aus, Herr Birlem?«

Er lachte übers ganze Gesicht, klopfte mir auf die Schulter und sagte: »Geht in Ordnung heute. 3 : 1 oder 4 : 1 wird es heißen!«

Das ging uns wie Honig ein.

»Prima, Herr Birlem«, strahlten wir erfreut.

Mein Schuldkonto doppelt belastet

Ich hatte zwar bei den anderen gewaltig für Stimmung gesorgt, meine eigene aber wäre beinahe gleich zu Beginn des Spiels auf den Nullpunkt gesunken.

Ottmar war bei einem schnellen Durchbruch gelegt worden, und zwar von Erich Retter, seinem Kameraden aus der Nationalmannschaft. Vor der Strafraumgrenze? Auf dem Kreidestrich? Man diskutierte lebhaft darüber. Ich konnte es nicht beurteilen, weil ich zu weit entfernt war. Ottmar lag zwar im Strafraum, hatte sich aber ein paarmal überschlagen. Wir wären mit einem Freistoß auch zufrieden gewesen, aber Schiedsrichter Ternieden aus Oberhausen war sehr korrekt und hatte den Mut, in der ersten Minute eines Endspiels auf Elfmeter zu erkennen, und ich sollte die Exekution übernehmen.

Verflucht! Bögelein, der Stuttgarter Torhüter, kannte mich wie seine Westentasche. Sollte ich »mein Eck« wählen oder vielleicht doch lieber das andere? Ich wurde noch nervöser als ich ohnehin war, weil die Stuttgarter und ein Teil des Publikums immer noch leidenschaftlich gegen die Schiedsrichterentscheidung protestierten.

Ottmar hatte inzwischen den Ball geholt, überreichte ihn mir und sagte ein wenig zu laut:

»Schieß genau ins Eck wie beim Karl!«

Torwächter Bögelein hatte die Bemerkung meines Bruders aufgeschnappt, das gab er nach dem Spiel unumwunden zu, und er wußte auch, was sie bedeutete: Bei einem Kurs der Nationalelf erzählten wir von einem Elfmeter im Spiel 1. FCK gegen TuS

Neuendorf, mit dem ich Karl Adam glänzend hereingelegt hatte. Karl kannte mein Eck, konzentrierte sich darauf, ich aber schoß im letzten Moment ins andere. Bögelein hatte damals aufmerksam zugehört ... und heute zog er die Lehre daraus.

Er warf sich in die richtige Ecke, wehrte den Ball ab, ein Verteidiger klärte die Lage endgültig.

Solche Mätzchen brechen einem, vor allem in den ersten Spielminuten, gern das Rückgrat. Mir besonders, ich will da nichts beschönigen. Ottmar kannte meine schwache Seite, lief deshalb gleich auf mich zu, nahm mich um den Hals und tröstete: »Mensch, Friedrich, laß jetzt bloß den Kopf nicht hängen! Das packen wir auch so!«

»Macht nix, jetzt erst recht«, munterten mich die anderen auf.

Doch ein paar Minuten später unterlief mir ein zweites Mißgeschick. Es versetzte mir einen noch viel heftigeren Schock. Ottes war links durch, umspielte auch Bögelein und schob mir, weil für ihn der Einschußwinkel bereits zu spitz geworden war, den Ball zu. Das Tor war unbewacht, als ich in vollem Lauf anbrauste. Plötzlich stand mitten zwischen den Pfosten ein Verteidiger. Natürlich hätte ich den Ball ins Eck schieben können, aber ich brachte in meiner Hast den Fuß nicht richtig hin. Das Leder rollte ins Aus.

Im Publikum ging die Saat meiner zwiefachen Missetat bereits auf, die ersten Pfiffe gegen mich wurden laut. Und schon waren sie wieder lebendig – die Erinnerungen an meine »Berliner Spiele«, bei denen ich noch nie richtig in Form war. Ich muß ziemlich bedeppert auf dem Platz herumgelaufen sein.

»Wenn er doch bloß diese blöden Hemmungen ablegen und nicht immer den Kopf schütteln würde!« dachte Herberger und sagte es mir auch hinterher. »Wenn er sich doch endlich zusammenreißen und so spielen würde, wie er es kann!«

Der Gedanke, daß wir eventuell durch mein Verschulden verlieren könnten, ging mir nicht aus dem Kopf.

Die Stuttgarter waren ein starker und fairer Gegner. Etwa in der Mitte der ersten Halbzeit wären sie beinahe in Führung gegangen. Nach einem Einwurf von links sah ich die Gefahr auf unser Tor zukommen. Hölz wollte unnötigerweise heraus. Ein Blinder sah, daß er den Ball nicht mehr erreichen konnte. Er kam auch nicht mehr hin – ein Stuttgarter lenkte das Leder über ihn hinweg ins leere Tor. Doch es war gar nicht leer! Kohli stand mit dem Rücken zum Feld auf der Torlinie, angelte mit der linken Fußspitze den Ball aus der Luft und schlug ihn mit einem tollen Fallrückzieher zurück ins Feld. Kohli als Akrobat! Das war nur eine von den Gefahren, die gegen uns aufzogen. Aber unsere Hintermannschaft hielt sich großartig, vor allem Werner Liebrich erregte immer wieder Aufsehen. Auch Torwart Hölz war, abgesehen von seinem Schnitzer, weitaus besser in Form als in den vorausgegangenen Meisterschaftspielen.

Zwei einwandfreie Chancen hatte ich verkorkst. Mit der dritten, die weitaus nicht so klar war, wurde ich spielend fertig. Scheffler, unser Rechtsaußen, war fast bis zur Eckfahne gedribbelt. Vor dem angreifenden Verteidiger Steimle zog er den Ball in den Torraum. Da mein Stuttgarter Läufer nicht mit mir gegangen war, stand ich vollkommen frei und drehte den Ball mit Kopfstoß in die kurze Ecke. Bögelein, der schon ein Stück herausgelaufen war, ließ sich reaktionsschnell sofort rückwärts fallen, konnte das Leder auch noch berühren, aber nicht mehr aufhalten. 1 : 0!

»Na also, Friedrich!«

Die Mannschaft freute sich über das von Scheffler angebahnte und von mir vollendete Führungstor besonders, weil es mir mein Selbstvertrauen wiedergab.

Mit viel Zuversicht gingen wir in die Pause.

Die Zuschauer kamen auf ihre Kosten

Im Stadion herrschte mittlerweile Bombenstimmung. Das war ein Endspiel nach dem Geschmack der Berliner! Zwei gleichwertige Gegner, die sich ein erbittertes, aber stets faires Spiel lieferten!

»Auf geht's!« In den ersten Minuten der zweiten Halbzeit konzentrierten wir uns zunächst auf den Angriff. Scheffler bombte knapp neben das Tor. Ich holte mir den abgeschlagenen Ball und schickte unseren Rechtsaußen erneut ins Feuer, doch er verpaßte zum zweitenmal um Zentimeter das 2 : 0.

Nun setzte der VfB unsere Hintermannschaft unter Druck. Energisch und gewandt zerstörte Werner Liebrich die Chancen der Stuttgarter. Und wenn die Abwehrkünste von Kohli, Werner und Ernst Liebrich einmal fruchtlos waren, griff schließlich Hölz ein…

In der 58. Minute fiel so etwas wie eine Vorentscheidung. Zwischen Mittellinie und VfB-Strafraum kam Scheffler in Ballbesitz. Drei oder vier Stuttgarter störten ihn, und er wußte nicht recht, was er mit dem Leder anfangen sollte. Da spurtete ich von der Mitte aus geradewegs auf ihn zu. Scheffler hatte den Ball noch am Fuß. Ich brüllte:

»Erwin, weg!«

Blitzschnell drehte er sich zur Seite und ließ den abspielbereiten Ball liegen. Ich nahm ihn mit, kam mit Körpertäuschung an ein paar Abwehrspielern vorbei und steuerte die Strafraumgrenze an. Mittelläufer Retter stürmte mir entgegen, ich ging auch an ihm vorbei und konnte kurz vor Überschreiten der Toraußenlinie den Ball über Bögelein hinwegheben. Wanger nickte ihn gelassen ins Netz: 2 : 0!

Der VfB Stuttgart wußte, um was es jetzt ging und versuchte mit aller Gewalt, das Blatt zu wenden. Wir kamen auch immer wieder in Bedrängnis, hatten aber bei der Abwehr Glück. Ernst Liebrich köpfte in dieser Defensivperiode einen Eckball, den Hölz nicht mehr erreichte, vom Torpfosten aus ins Feld zurück. Ein anderes Mal klärte er auf der Linie.

Bahnte sich in der 74. Minute eine Wende an? Es sah so aus. Kronenbitter, mein Stuttgarter Außenläufer, schaltete sich blitzschnell in einen Angriff ein. Ich war ihm nicht rasch genug gefolgt. Jeder wartete darauf, daß jetzt von ihm ein Querpaß oder eine Vorlage käme. Doch er schoß plötzlich aus zwanzig Metern auf unser Tor. Vielleicht hätte Hölz den Schuß pariert, aber Kohli lenkte den Ball mit der rechten Fußspitze ab. Dadurch bekam das Leder etwas Effet und sauste über Hölz in die äußerste Ecke: 2 : 1!

Die objektiven Berliner Zuschauer wollten noch mehr Spannung. Sie einigten sich nun darauf, die im Rückstand liegende Mannschaft anzufeuern. Im Olympia-Stadion war die Hölle los. Die Stuttgarter spürten den Aufwind. Minutenlang ging es toll in unseren Strafraum zu. Aber wir hatten an diesem Tag gute Nerven.

Die Entscheidung fiel zehn Minuten vor Schluß. Ottmar wollte an der rechten Seite eine Flanke schlagen, der Ball prallte jedoch an Erich Retter ab. Mein Bruder erwischte das abprallende Leder erneut und zog nun eine flache Flanke auf halblinks in Höhe des Torraums. Hier bekam Scheffler den Ball einschußreif vor den rechten Fuß. Er schmetterte ihn unhaltbar für Bögelein in die Maschen.

3 : 1!

»Neun Minuten noch!« rief man uns vom Spielfeldrand aus zu. Musik für unsere Ohren! Jetzt konnte nichts mehr schiefgehen! Es ging auch nichts mehr schief. Im Gegenteil, zwei Minuten später mußten die tapfer kämpfenden Stuttgarter ihre Hoffnungen endgültig begraben. Unser Halblinker Wenzel ging in wunderbarem Alleingang an ein paar Mann vorbei, drang in den Strafraum ein und erzielte, nachdem er Bögelein großartig getäuscht hatte, völlig unhaltbar unser viertes Tor.

4 : 1! Und sechs Minuten nur noch zu spielen.

Wir stürmten weiter wie bisher. Wozu jetzt noch den Vorsprung verteidigen? Das 5 : 1 lag in der Luft, als Wenzel, der an diesem Tag in Höchstform war, wieder an ein paar Stuttgartern einschließlich Bögelein vorbeizog, aber leider nicht ins leere Tor traf. Schade, aber nicht tragisch! Ruhig und sicher spielten wir die letzten Minuten durch, bis der junge Rheinländer Ternieden das von ihm vorbildlich geleitete Spiel abpfiff.

Wir waren Deutscher Meister 1953!

Jubelnd lagen wir uns in den Armen. Die Zuschauer – noch ganz im Bann des schönen Endspiels – dankten beiden Mannschaften mit nicht enden wollenden Ovationen.

»So, meine Herren, wie sieht es jetzt mit dem Wetten aus?« fragte ich gleich in der Kabine.

»Ach, weißt du, Fritz, vorläufig brauchen wir uns bestimmt um Getränke keine Sorgen zu machen«, drückten sich Kohli, Werner, Erwin und Konsorten. »Wir heben den Sekt für ruhigere Zeiten auf.«

Auf die »ruhigeren Zeiten« warte ich heute noch…

Als unser Sondertriebwagen in Kaiserslautern einfuhr, stand Sportreporter Rudi Michel, der schon in der Jugendmannschaft des 1. FCK mit mir Fußball gespielt hat, zufällig unter meinem Fenster.

»Liebe Hörer«, sagte er ins Mikrophon, »jetzt habe ich in diesem tollen Durcheinander das Glück, ausgerechnet unter dem Abteilfenster von Fritz Walter zu stehen.«

»Jaja, Rudi«, quasselte ich dazwischen, »es geht eben nichts über gutes Stellungsspiel!«

Kaiserslautern aber stand in seiner unbeschreiblichen Freude darüber, daß wir zum zweitenmal die Viktoria in die Pfälzerstadt brachten, wieder einmal acht Tage lang kopf.

HANNOVER SPIELTE UNS AN DIE WAND

Schon in der nächsten Saison wies unsere Leistungskurve eine leichte, aber deutlich sichtbare Neigung nach unten auf. Wir wurden nicht wie im Vorjahr mit einigen Punkten Vorsprung Südwestmeister, sondern mußten mit dem FK Pirmasens um die letzte Entscheidung schachern.

So viele Zuschauer wie beim Spiel gegen den FK – über 30 000 – hatte es auf dem Betzenberg noch nie gegeben. Es mußten Nottribünen errichtet werden.

»Den einen Punkt, den wir noch brauchen, holen wir uns«, hatte der Pirmasenser Torwart Kubsch vor einiger Zeit flachsend zu Werner Liebrich gesagt.

»Bei uns erbt ihr nix«, gab Werner kontra. »Wenn's nötig ist, sind wir da wie die Uhrzeiger.«

Nach einem großartigen Spiel, in dem unser erstes Tor gleich zu Beginn, die drei anderen aber erst nach der 75. Minute fielen, mußte uns Pirmasens die Meisterschaft überlassen.

»Mein Gott, wenn wir gewonnen hätten, was dann bei uns losgewesen wäre«, sagten Kubsch und seine Kameraden. »Ihr könnt euch nicht vorstellen, was sich in Pirmasens getan hätte!« Wir glaubten ihnen gern. In Kaiserslautern hingegen machte man von unserem Sieg nicht allzuviel Aufhebens. Daß wir Südwestmeister geworden waren, hielt man für nichts Außergewöhnliches. Einzig und allein die Frage: Kommen sie wieder ins Endspiel? bewegte die anspruchsvollen Gemüter.

Müde und abgekämpft gingen wir bereits in die Ausscheidungskämpfe. Sie standen wegen der Weltmeisterschaft unter großem Zeitdruck. Deshalb gab es zwei Gruppen mit je drei und nicht vier Vereinen wie sonst. Auf Vor- und Rückspiel wurde verzichtet, man traf sich nur einmal auf neutralem Boden.

Wieder wurde uns nichts geschenkt. Eintracht Frankfurt und der 1. FC Köln waren unsere Gruppengegner. In der Gruppe II standen sich der VfB Stuttgart, Hannover 96 und der Berliner SV 92 gegenüber.

Schon die Austragungsorte waren nicht ganz nach unserem Geschmack: Gegen Eintracht spielten wir in Köln – im Hinblick auf das Spiel gegen ihren 1. FC gönnten uns die Kölner begreiflicherweise den Sieg weniger als den nicht so favorisierten Frankfurtern. Gegen den 1. FC Köln mußten wir in Stuttgart antreten – würde man uns am Neckar nicht nachtragen, daß wir den VfB beim vorjährigen Finale mit 4 : 1 nach Hause schickten? Das Match gegen die Eintracht in Köln war hart und wohl wenig schön fürs Auge. Zehn Minuten vor Schluß stand die Partie immer noch 0 : 0. Da schickte sich Ottmar an, aus ziemlich spitzem Winkel einen Verzweiflungsschuß zu riskieren. Sicher ist sicher, dachte ich und brüllte: »Siegmund!« Ich merkte, wie mein Bruder (bei uns abwechselnd Siegmund oder Ottes genannt) zusammenfuhr, wie er mich schnell ansah und dann, statt einzuschießen, den Ball wunderbar leicht zu mir herüberhob. In der Drehung erwischte ich das Leder mit dem Spann und jagte es mit unheimlicher Fahrt an Torhüter Henig vorbei in die linke Ecke: 1 : 0! Und dabei blieb es.

Das Spiel gegen den 1. FC Köln in Stuttgart bekam einen bitteren Beigeschmack: In der 27. Minute sprang bei einem Kopfballduell zwischen dem gegnerischen Mittelläufer und Ottmar das Leder dem Kölner an die Hand. Schiedsrichter Winkler aus Nürnberg entschied auf Elfmeter. Im Stadion setzte ein wüstes Pfeifkonzert ein. Welche Belastung, unter diesen Umständen den Strafstoß zu treten! Was half es? Beim Anlaufen sah ich bereits, daß Torwart de Munck Anstalten traf, sich auf meine Ecke zu konzentrieren. Ich ließ den Ball deshalb leicht abrutschen – er landete etwa in der Mitte des Tores.

Das 1 : 0 war zwar geschafft, aber das Pfeifkonzert hielt mindestens noch fünf Minuten an. Den Kölner Spielern stand die Erbitterung ins Gesicht geschrieben.

Gleich nach der Pause erhöhte Scheffler auf 2 : 0, Wenzel sicherte bereits vier Minuten später das 3 : 0. Wir brauchten nur ein Unentschieden, um ins Endspiel einziehen zu können. Die Angelegenheit schien soweit geregelt, aber die Kölner holten auf. 3 : 1! Wir zogen noch einmal auf 4 : 1 davon, doch in der letzten Viertelstunde wendete sich das Blatt. Die Kölner stürmten mit aller Macht. Rücksichtslos entblößten sie die Deckung. Und schon hieß es 4 : 2, sieben Minuten vor Schluß 4 : 3.

Wir merkten, daß unsere Kräfte erschreckend nachließen. Die Stuttgarter Zuschauer feuerten die Kölner fanatisch an.

»Auf, Männer!« mußte ich immer wieder rufen. Es war wirklich ein Wunder, daß wir die letzten Minuten heil überstanden. Als der Schlußpfiff ertönte, hatten wir zwar das Endspiel wieder erreicht, dennoch verließen wir den Platz nicht als glückstrahlende Sieger. Diese letzte Viertelstunde raubte die Moral. Wir waren völlig ausgepumpt. Auf Stuttgarter Boden hatte sich bereits unsere Niederlage im Finale angebahnt...

Sieger der Gruppe II wurde Hannover 96. Am 23. Mai 1954 sollte sich in Hamburg entscheiden, ob wir oder die Norddeutschen die höchste Trophäe des deutschen Fußballs mit nach Hause nehmen dürften.

Tragödie in vier Aufzügen

Mit dem Schlafwagen reisten wir in die Hansestadt und benutzten die erste Gelegenheit, um zum Stadion zu fahren und zu trainieren. Wir mußten eine beängstigende Bilanz ziehen: Uns fehlte die Kraft, es waren keine Reserven mehr vorhanden. Ich merkte es an mir selbst und auch an den anderen. Jeder war froh, als wir das Training überstanden hatten.

»Hannover gewinnt seine Spiele aus der Defensive heraus«, warnte man uns. »Es läßt den Gegner kommen und kontert dann durch weite Pässe seines Halbstürmers Zielinski blitzschnell. Er bewegt sich ganz unauffällig im Mittelfeld und setzt meisterhaft seine Außenstürmer und den Mittelstürmer in Szene. Auch Wewetzer dürft ihr nicht unterschätzen, er leistet ein unheimliches Arbeitspensum. Und Luft haben die Hannoveraner mindestens für zwei Stunden. Die Burschen sind gefährlich. Laßt's euch gesagt sein!«

Es war eine Bullenhitze, als wir am Sonntag mit sehr gemischten Gefühlen auf den Platz liefen. Als Schiedsrichter Schmetzer aus Mannheim angepfiffen hatte, kamen wir zu unserer eigenen Überraschung verhältnismäßig gut ins Spiel. Vielleicht lag es daran, daß die Hannoveraner doch ein wenig nervös waren? Verständlich! Seit sie 1938 Deutscher Meister waren, standen sie nie mehr in einem Finale.

In der zweiten Minute stürmte Ottmar auf Krämers Tor zu, und schon zappelte das Leder im Netz. Blinder Alarm! Kein Grund zur Freude, kein Grund zur Trauer! Schmetzer hatte schon längst wegen eines Fouls abgepfiffen. Im Inferno, das die fast 80 000 Zuschauer (zu unserem Kummer hatten nur wenige Pfälzer die weite Reise machen können!) entfachten, war sein Pfiff untergegangen.

Der Tragödie erster Teil: Er begann verheißungsvoll. Wir wurden feldüberlegen, und immer wieder gelangen uns vielversprechende Kombinationen. Unsere Abseitsfalle spielte sich ein. In ihr lief sich manch gegnerischer Angriff tot. Gefährlich kreuzten wir mehrmals vor Krämers Tor auf. Längst schon hätten wir in Führung gehen müssen, aber das Glück stand den tüchtigen Hannoveranern bei.

Erst in der 14. Minute halfen Glück und Können nichts mehr. Eine Scheffler-Flanke war aus dem 96er Strafraum geköpft worden. Eckel roch Lunte, brauste heran und schmetterte den Ball halbhoch ins lange Eck. Ein trockener Schuß! Unerreichbar für Krämer.

1 : 0!

Der Tragödie zweiter Teil: Schon bald nach dem Führungstreffer war unser Pulver, wie befürchtet, verschossen. Die Hannoveraner gingen – unterstützt von ihrer mächtigen Kolonie – zu massiven Gegenangriffen über. Bei jedem Schritt merkte ich, daß ich absolut nicht in Schwung war. Meine Beine waren schwer wie Blei. Das konnte ja heiter werden!

Aber noch war unsere Abwehr intakt. Bis Liebrich und nicht weiter! hieß es in den meisten Fällen. Als unser Mittelläufer doch einmal überwunden war, rutschte mir das Herz ein paar Stockwerke tiefer. Mittelstürmer Tkotz steuerte schnurstracks auf Hölz zu und schoß. Unser Torwart warf sich zu spät. Tor? Für solch aussichtslose Fälle hatten wir einen Spezialisten: Kohli! Simsalabim – er stand auf der Torlinie, schlug den Ball zurück und verhinderte den Ausgleich.

Das 1 : 1 fiel nicht in der 30., auch nicht in der 40., sondern ausgerechnet in der – 45. Minute. Zielinski, vor dem man uns, wie gesagt, gewarnt hatte, gab eine Supervorlage über dreißig, vierzig Meter zu seinem Mittelstürmer Tkotz. Dieser kam in halblinker Position in Ballbesitz, verlor das Leder, erwischte es wieder und rückte weiter auf unseren Strafraum zu. Herrgott, warum griff ihn denn keiner an: Jeden Augenblick konnte die gefährliche Vorlage für die schon in den freien Raum gestarteten Außenstürmer kommen. Denkste! Tkotz ließ in der Drehung plötzlich selbst einen Schuß los. Volltreffer!

1:1! ...und dann war Halbzeit!

Für uns bedeutete das Unentschieden ein Entschieden! Warum: Das ist schwer zu sagen. Es lag greifbar in der Luft, daß es heute schiefgehen mußte. Unser Trainer versuchte mit energischen Worten die allgemeine Flaute zu vertreiben. Er war ein einsamer Rufer in der Wüste. Wenigstens ich hätte ihn mit ein paar ermutigenden Worten unterstützen sollen. Aber es liegt mir nun einmal nicht, anderen gute Ratschläge zu geben, wenn's bei mir selber nicht hinhaut.

Der Tragödie dritter Teil: Vier Minuten nach dem Wiederanpfiff kam ein weiter Paß in unseren Strafraum. Kohli lief von links auf den Ball zu und versuchte, ihn mit dem rechten Fuß aus der Gefahrenzone zu schlagen. Auch Hölz eilte dem Leder entgegen. Doch Kohlmeyer erwischte es so unglücklich, daß es ihm über den rechten Spann rutschte, an Hölz vorbeisegelte und... Hut ab vor diesem bildschönen Eigentor! 1:2!

Wir standen wir erstarrt. Waren unsere düsteren Ahnungen nicht bestätigt? Es fiel jedoch kein Wort des Vorwurfs. Im Gegenteil: Baßler und Render klopften dem unfreiwilligen Schützen tröstend auf die Schulter.

»Macht nix, Kohli«, sagten sie. »Das kriegen wir schon wieder hin!«

Leere Versprechungen! Nichts mehr kriegten wir hin. Unsere Verfassung war trostlos. Wir waren regelrecht ausgelaugt, ohne ein Quentchen Mumm. Zufrieden konnten wir nur mit Horst Eckel, unserem rechten Läufer, und mit unserem Stopper Werner Liebrich sein. Ich selbst hatte inzwischen eine Art Delirium: Ich sah zwar keine weißen Mäuse, ich sah nur noch grüne Trikots. Die grünen Trikots der Hannoveraner, grün hinten und vorne, links und rechts.

Hannover stürmte, schnürte uns ein, jagte uns durcheinander. Und doch war noch nicht alles verloren. Ottmar schoß aus etwa fünfundzwanzig Metern Entfernung eine unhaltbare Bombe – sie krachte ans Lattenkreuz.

162

Der Tragödie letzter Teil: Horst Eckel wurde verletzt. Mit lädiertem Knie humpelte er vom Platz, kam zwar nach ein paar Minuten wieder, war aber nur noch als Statist auf Linksaußen zu gebrauchen.

Vierzehn Minuten vor Schluß sprach man uns das endgültige Todesurteil. Ein Mordsschuß von Tkotz prallte von der Latte zurück, der herbeieilende Wewetzer beförderte das Leder über die Linie.

1:3!

Jetzt fiel unsere Mannschaft vollkommen auseinander. Es sah so aus, als ob die anderen einen Spaziergang auf unser Tor machten. Gegenwehr? Fehlanzeige! Nur Werner Liebrich vermasselte den Grünhemden das Sonntagsvergnügen.

Sechs Minuten später fiel Hannovers viertes Tor. Weitere drei Minuten später das fünfte.

1:5! Welche Sensation! Ich hatte nur einen Wunsch: Hoffentlich macht der Schiedsrichter diesem Spuk bald ein Ende!

Als endlich der Schlußpfiff ertönte, fühlten wir uns wie erlöst. Dr. Bauwens überreichte den Siegern die Viktoria. Nachdem wir jedem Hannoveraner gratuliert hatten, verließen wir im wahrsten Sinne des Wortes geschlagen den Platz. In der Kabine herrschte in den ersten fünf Minuten Totenstille. Wir waren völlig ausgebrannt. Richard, unser Trainer, und ich waren die ersten, die sich wieder einigermaßen faßten. Wir drückten jedem Spieler die Hand. Immerhin hatten sie doch alle ihre Pflicht getan.

»Dees do, dees is ja a Katastroph', ei, wir müsse uns ja schäme«, sagte unser erster Vorsitzender, Werner Krabler, verzweifelt. Dabei ist er sonst die Ruhe selbst. »Ei, wir dürfe ja gar nimme hämkomme!«

»Mensch, Werner, mach doch kein Theater!« antwortete ich. »Wir waren schließlich zweimal Deutscher Meister, zum viertenmal im Endspiel – das ist doch auch was! Uns tut's ja genauso weh wie dir, daß wir verloren haben.«

Freund Werner, der sich über unsere Niederlage immer noch nicht beruhigen konnte, schaute mich an und verließ wortlos die Kabine.

UNTER DEM EINDRUCK DER
WELTMEISTERSCHAFT

»Mit diesen müden Leuten will Herberger in die Schweiz fahren?« schrieben Sportjournalisten nach unserer verheerenden Niederlage gegen Hannover 96. Viele nahmen es dem Bundestrainer übel, daß er ausgerechnet fünf Kaiserslauterer in das Weltmeisterschaftsaufgebot berufen hatte.
Was zwischen diesen Vorwürfen und der Abbitte liegt, die man unserem »Chef« hinterher leisten mußte, ist das glanzvollste Kapitel deutscher Fußballgeschichte.
Der Komplex der Kämpfe um den Coupe du Monde ist in seiner unerhörten Dramatik ein Buch für sich. Noch unmittelbar unter dem Eindruck des unfaßlichen Triumphes von Bern habe ich versucht, meine Fußballfreunde an dem großen und für uns so erschütternden Erlebnis teilhaben zu lassen. In zahllosen Briefen hat man bestätigt, daß es mir mit meinem Buch »3 : 2 – Die Spiele zur Weltmeisterschaft« gelungen ist. Was könnte ich über diese unvergeßlichsten aller unvergeßlichen Spiele noch schreiben, ohne mich selbst zu wiederholen: Was ich in »3 : 2« schildern durfte, ist durch und durch wahrhaftig, von uns allen so echt erlebt, daß mir selbst heute noch eine Gänsehaut über den Rücken läuft, wenn ich die eine oder andere Seite nachlese.
War es denn einmal Wirklichkeit, was uns ein Leben lang schönste Erinnerung bleiben wird?
Das erste Türken-Spiel:
»...Maxl Morlock schaltet schnell und schießt. Der Ball prallt vom linken Torpfosten ab ins Netz. 4 : 1! An unserem Sieg gibt es nichts mehr zu rütteln...«
Das erste Ungarn-Spiel:
»...Der Schiedsrichter pfeift ab – auch Katastrophen nehmen ein Ende. 3 : 8...«
Das zweite Türken-Spiel:
»...Völlig niedergeschlagen verlassen die Gegner nach dem Pfiff des Unparteiischen das Spielfeld. Die 17 000 Zuschauer –

mehr wollten uns nach dem deprimierenden Ungarn-Spiel nicht mehr sehen – sind voll und ganz zufrieden. Ihr Begeisterungsjubel klingt uns bis in die Kabine nach. 7:2! Auch dem ›Chef‹ leuchtet die Freude aus den Augen. Wir stehen mit beiden Beinen im Viertelfinale…«

Das Jugoslawien-Spiel:

»…Jetzt gibt es für Rahn keine Bremse mehr. Er spurtet mit seinem Verteidiger um die Wette, gewinnt das Rennen und läßt aus etwa sechzehn, achtzehn Metern seine Bombe los. Haarscharf gezielt hängt sie im linken Eck. Der Ball prallt blitzschnell wieder ins Feld zurück, so groß ist seine Wucht. Tor! Tor für uns! Kurz vor Schluß steht es 2:0…«

Das Österreich-Spiel:

»…Zemann will heraus, um die Gefahr zu bannen, da steht wie aus dem Boden gewachsen Ottmar vor ihm und köpft das Leder kraftvoll ins Netz. 6:1! Das halbe Dutzend ist voll. Damit haben wir gar nicht mehr gerechnet. Nur vier Minuten sind noch zu spielen…«

Das große Finale:

»…Ich stehe im Augenblick halblinks, Ottmar ist auf Linksaußen gewechselt, Hans Schäfer nach seiner Flanke in die Mitte geeilt, Max Morlock beobachtet in halbrechter Position, was passiert:

Der Boß hat so gewaltig geschossen, daß er durch seinen eigenen Schwung zu Fall kommt, aber noch im Fallen sieht er, daß seine flache Bombe für Torhüter Grosits unerreichbar ist. Der Ball flitzt knapp am Pfosten vorbei in den Kasten und auf der anderen Seite schon wieder heraus, so unheimlich schnell ist seine Fahrt. Der Schiedsrichter pfeift. Grosits und ein paar Ungarn liegen am Boden. In Sekundenbruchteilen begreifen wir, was geschehen ist:

Helmut Rahn hat unser Führungstor geschossen! 3:2!

3:2 für Deutschland!

3:2 in der 84. Spielminute!

Wir führen Freudentänze auf, schreien wie verrückt, rennen auf den Boß zu und erschlagen ihn beinahe vor Begeisterung. Alle laufen wir zusammen bis auf Toni, der angewiesen ist, sein Tor unter keinen Umständen zu Gratulationscouren zu verlassen. Wenn alles aus dem Häuschen ist – er muß drin bleiben.

Unbeschreiblich ist der Jubel im Viereck des Berner Wankdorf-Stadions. Über uns schlagen nie erlebte Beifallswogen zusammen. Die Sensation der Fußball-Weltmeisterschaft ist da.
Langsam gehe ich rückwärts in Richtung Mittellinie. Ein kurzer Blick auf die große Stadionuhr.
›Männer, nur sechs Minuten noch‹, sage ich. ›Jetzt darf nichts mehr passieren! Jeder im Sturm nochmals mit verteidigen! Die paar Minuten noch! Bis zum Umfallen!‹
›Bis zum Umfallen, Fritz!‹…«
Tja – so war's am 4. Juli 1954.

✳

Und dann verdunkelte sich der Fußballhimmel über Deutschland. Der frischgebackene Weltmeister mußte sich von Belgien 0:2, von Frankreich 1:3 und von England ebenfalls 1:3 schlagen lassen.
Das Länderspiel gegen Belgien sah ich von der Tribüne des Brüsseler Heysel-Stadions aus als Zuschauer. Ich stand damals kurz vor einer unerläßlichen Mandeloperation und konnte trotz vertraglicher Zusage bei einem Privatspiel des 1. FCK gegen Standard Lüttich nur eine Halbzeit lang durchhalten.
Auch bei der langersehnten Revanche gegen Frankreich, am 17. Oktober 1954 in Hannover, war ich nicht dabei. Damals grassierte bereits die Gelbsucht. Nur noch sechs Mann vom Weltmeisterschaftsteam standen unserem schwergeprüften Bundestrainer zur Verfügung.
»Fritz Walter sitzt jetzt wahrscheinlich bei Kaffee und Kuchen gemütlich zu Hause«, sagte der Fernsehkommentator.
Der Gute hat vielleicht eine Ahnung von Diät! Bei einer Tasse Lindenblütentee – ungezuckert – wurde ich noch um eine Schattierung gelber, als ich auf dem Bildschirm sah, wie die Revanche für den schwarzen Tag von Paris gründlich mißglückte.
Und dann das Spiel gegen England! Oft hatte sich Herberger mit mir ausgemalt, wie schön es wäre, einmal ins Mutterland des Fußballsportes eingeladen zu werden.
»Kinder, das wäre ein Fressen – die Engländer zum erstenmal im Wembley-Stadion abzufieseln!« sagten wir überschwenglich. Nun, diese Delikatesse hatten sich die Ungarn einverleibt.
Als Schiedsrichter Orlandini am 1. Dezember 1954 in London

das Spiel anpfiff, lag ich daheim auf der Couch. Was ich auf dem Fernsehschirm sah, ging mir weiß Gott mehr an die Nerven als den Millionen Rundfunkhörern und Fernsehern, die ja bekanntlich bei jeder Länderspiel-Übertragung auch Höllenqualen leiden.

»In unserer Berner Form hätten wir sie in der ersten Viertelstunde weggeputzt«, sagte nachher Werner Liebrich, der zusammen mit Kohlmeyer und Posipal vom Fähnlein der elf Aufrechten übriggeblieben war. Als kritischer »Fernseh-Zeuge« mußte ich ihm beipflichten. Die deutsche Mannschaft hielt sich großartig, war aber gegen die englischen Profis in entscheidenden Phasen zu wenig routiniert. Wie gern hätte ich mit ein paar Maßvorlagen unserer tüchtigen jungen Elf auf die Sprünge geholfen.

»Wenn du dich weiter so aufregst, schalte ich einfach ab«, drohte meine Frau.

Das wäre natürlich ein Scheidungsgrund geworden. Doch soweit kam es zum Glück nicht.

Nach der ehrenvollen 1:3-Niederlage in London riß die Pechsträhne der deutschen Nationalelf am 19. Dezember 1954 endlich ab. Den 3:0-Sieg über Portugal in Lissabon erlebte ich am Radio.

ITALIEN BESIEGTE DEN WELTMEISTER

»Gegen Italien hoffe ich so ziemlich mit Berner Aufgebot antreten zu können«, hatte Herberger mehrfach geäußert.

Die Italiener nahmen das Match gegen uns so wichtig, daß sie sich an einem Montag trafen, eineinhalb Wochen vor dem für Mittwoch, den 30. März 1955, angesetzten Länderspiel. Sie sind Professionals, Training ist das A und O ihres Tageslaufs, dennoch hielten sie es – vielleicht auch als Angst vor Verletzungen – für nötig, am Sonntag vor dem Spiel die gesamten Begegnungen ihrer Nationalliga abzublasen.

Wir trafen uns am selben Montag. Doch keine Rede davon, daß wir zusammenbleiben konnten! Am Donnerstag dampften wir alle wieder Richtung Heimat ab, um am Wochenende die fälligen Punktspiele zu absolvieren. Welcher Apparat hätte in Bewegung gesetzt werden müssen, um sie ausfallen zu lassen! Vier Oberligen haben wir und die Berliner Stadtliga – die x-mal geforderte Bundesliga, deren Vorteile für den Leistungsstand des deutschen Fußballsports nicht abzuleugnen sind, liegt noch in weiter Ferne.

Treu und brav taten also die Nationalspieler in den Vereinsmannschaften ihre Pflicht und – es kam, wie es kommen mußte: Werner Liebrich wurde beim Punktkampf gegen Worms ohne Verschulden eines Gegners verletzt. An seinen Einsatz gegen Italien war nicht mehr zu denken. Ich prallte zehn Minuten vor Schluß mit einem Wormser zusammen, der einen härteren Schädel hatte als ich. Mir platzte die Augenbraue auf. Die stark blutende Wunde mußte genäht werden. Es war fraglich, ob ich in Stuttgart spielen konnte.

Doch Herberger erhielt noch eine weit schlimmere Hiobsbotschaft: Werner Kohlmeyers Vater war gestorben. Konnte er Kohli unter diesen Umständen aufstellen: Unser guter Werner wollte uns nicht im Stich lassen und machte mit.

Als der Bundestrainer die Häupter seiner Lieben zählte, waren ihm sieben Mann der Berner Besetzung geblieben. Außer Toni

Turek und Liebrich fehlten Horst Eckel, der die Folgen eines Beinbruchs noch nicht überwunden, und mein Bruder Ottmar, der durch vorzeitigen Einsatz einen schweren Gelbsuchtsrückfall erlitten hatte.

Trotz der so kraß unterschiedlichen Voraussetzungen stellten die deutschen Fußballfans an uns natürlich dieselben Ansprüche wie die italienischen an ihre wohlvorbereitete Elf. Wir waren Favorit – eine Rolle, die uns noch nie bekommen ist.

Die Italiener hatten ein eigenes System entwickelt, um gegen den Weltmeister gut abzuschneiden. Entgegen ihrem gewohnten Offensivdrang wollten sie aus der Defensive heraus spielen. Wir hatten erfahren, daß sie ihren Rechtsaußen Pandolfini als vierten Läufer zurückziehen und den eigentlichen Stopper Ferrario als Ausputzer verwenden wollten.

Na, wenn schon! Was konnte schließlich passieren, wenn jeder unserer Hintermannschaft strikt an seinem Mann kleben würde? Linksverteidiger Kohlmeyer erhielt Anweisung, dem »Läufer-Stürmer« Pandolfini auf den Fersen zu bleiben und ihn nur, wenn er zu weit in die eigenen Gefilde zurückging, dem linken Läufer Harpers zu übergeben und im Austausch dafür Harpers' Halbrechten zu übernehmen. Die endgültige Mannschaftsaufstellung lautete:

Herkenrath; Juskowiak, Kohlmeyer; Mai, Posipal, Harpers; Rahn, Morlock, Seeler, Fritz Walter, Schäfer.

Über 80 000 Zuschauer im prächtigen Stuttgarter Neckar-Stadion gingen sofort begeistert mit, als der ungarische Schiedsrichter Zsolt das Spiel anpfiff. Ihr Optimismus schien berechtigt, denn wir erwischten einen hervorragenden Start und berannten in den ersten Minuten unaufhörlich das italienische Tor.

Traumhaft sicher lief der Ball über Mai, Rahn und Seeler zu mir. Ich gab ihn zu Schäfer. Hänschen paßte ihn zurück und startete gleich anschließend in den freien Raum, um meine Vorlage zu verwerten. Bisher war alles gelaufen wie bestellt, in Schweizer Manier beinahe. Schäfers Torschuß aber ging leider um Zentimeter daneben.

Acht Minuten lang trübte nichts die Hoffnungen unserer Anhänger, dann allerdings kam ein unerwarteter Dämpfer: Der italienische Linksaußen Frignani schoß am herausstürzenden Herkenrath vorbei zum 1:0 für die »Squadra Azzurra« ein. Temperamentvoll gratulierten die Italiener dem Torschützen, dann machten sie ihren Laden sofort wieder dicht. Warum sollten sie auch von ihrer risikolosen Defensive abgehen?

Als wäre der Faden abgeschnitten, zerflatterten unsere Angriffe. Es zeigte sich bald, daß Rahn und Morlock nach ihrer Gelbsucht noch lange nicht in bester körperlicher Verfassung waren. Auch Schäfer stürmte nicht mit Berner Elan. Zwangsläufig fehlte unserem jugendlichen Mittelstürmer Uwe Seeler die notwendige Unterstützung. Ich selbst war nicht in bester, aber doch in ganz guter Form. Nur Kopfbällen ging ich aus dem Weg. In meiner Wunde waren die Fäden noch nicht gezogen. Ein starker Verband mit Gummipolstern zierte meine Stirn. Nur ein einziges Mal hielt ich den Kopf hin, um eine bedrohliche Situation vor unserem Tor zu bereinigen.

In der Hintermannschaft konnte man an diesem Tag nur einem bescheinigen, daß er hundertprozentig fit war: Karl Mai. Charly erledigte das Arbeitspensum von dreien, zeichnete sich in der Abwehr und im Aufbau der eigenen Angriffe gleichermaßen aus.

In der 26. Minute kamen wir endlich zum Ausgleich. Wir waren auf der linken Seite durchgebrochen, schnell, zügig, gefährlich. Ich hob eine weiche Flanke in den Torraum – Max hatte sie gerochen und wollte sie mit einem akrobatischen Fallrückzieher verwandeln. Das Schicksal des Spiels lag jetzt für Bruchteile einer Sekunde in den Händen des rechten Verteidigers der Azzurri, Magnini. Das ist wortwörtlich zu nehmen, er hatte nämlich Maxls Schuß mit der Hand aufgehalten.

Zsolt pfiff: Elfmeter.

Ich holte den Ball und hielt Ausschau nach Juskowiak, der verabredungsgemäß Strafstöße schießen sollte. Beim Spiel der B-Mannschaft gegen England hatte er das so großartig gemacht, daß das englische Tor ins Wackeln geraten war.

»Jus, was ist denn los? Komm doch her!« rief ich ihm zu. Der Bursche bewegte sich nicht von der Stelle.

»Schieß doch selber«, gab er mir gelassen zu verstehen. Doch ich dankte in diesem Fall für Obst und italienische Südfrüchte und rief ein zweites Mal:

*»Bester Stopper der Welt« wird Werner Liebrich oft genannt. Hundert-
prozentig auf Kampf eingestellt, brauste er herbei, um mit dem für ihn
typischen Spreizschritt die Gefahr zu bannen. So geschehen in einem für
Kaiserslautern unglücklichen Spiel: dem Finale 1954 gegen Hannover 96.
Wir waren von schweren Vorrundenspielen ausgepumpt und verloren 1:5.*

Sie hatten den Sieg verdient! Als Mannschaftskapitän gratulierte ich nach der Niederlage in Hamburg jedem einzelnen Hannoveraner. Auch meine Kameraden drückten den neuen Meistern die Hand – und dann verließen wir deprimiert den Platz. In unserer Kabine herrschte in den ersten Minuten Totenstille. Mit diesem Schlag wurden wir so schnell nicht fertig.

172

Deutschlands einziges Tor in Stuttgart. Beim Länderspiel gegen Italien am 30. März 1955 wurde der Weltmeister mit 1:2 geschlagen. »Mach kein Theater, lauf an, hau druff!« sagte ich zu Juskowiak, der den von Schiedsrichter Zsolt diktierten Elfmeter treten sollte. Erst sträubte sich Jus, dann aber ließ er dem Torwart der Azzurri mit seinem Schuß keine Chance.

Finale 1955. Im Kampf FCK gegen Rot-Weiß Essen bewies Nationaltor-wart Fritz Herkenrath oft seine Klasse (Bild oben: vor Wenzel sicherte er sich den Ball). Trotzdem konnte Fritz nicht verhindern, daß wir den 3:1-Vorsprung Essens aufholten. Er wurde sogar ein viertes Mal von uns über-wunden (Bild rechts). 4:3? Nein, der Schiedsrichter sagte »abseits«. Nach der 4:3-Führung Essens stürmte auch Liebrich (unten) – vergeblich.

Das Spiel des Jahres: Sowjetunion–Deutschland

Millionen Fußballer saßen am 21. August 1955 vor ihren Rundfunkgeräten, als die deutsche und russische Mannschaft in das Dynamo-Stadion einmarschierte (Bild links). Seit der Weltmeisterschaft in der Schweiz hatte kein Fußballspiel in Deutschland solches Interesse erregt. Schon das Drum und Dran in Moskau war ungewöhnlich. Nach dem Einmarsch wurden Reden gehalten und die Nationalhymnen gespielt. Dann wechselten wir mit den Russen Blumensträuße, trainierten zehn Minuten lang und verließen das Spielfeld. Nach einigen Minuten kamen wir zurück. Jetzt erst tauschten Igor Netto und ich die Wimpel aus (Bild oben), regelten die Platzwahl – das »Spiel des Jahres« begann...

Die russische Dampfwalze wurde gebremst. Juskowiak am Torpfosten,
Fritz Herkenrath und hinter ihm Werner Liebrich verfolgten aufmerksam,
wie Horst Eckel eine gefährliche Situation in dem deutschen Stafraum
bereinigte.

Damit war wieder einmal ein Angriff der unvergleichlich konditionsstarken Sowjets abgeschlagen. Allen Unkereien zum Trotz kamen wir gut ins Spiel und hatten klare Chancen – bis die Russen nach einer Viertelstunde 1:0 in Führung gingen.

Ein Relief von Stalin und Lenin beherrschte das von 80 000 Fans besetzte Stadion. Die Kulisse war beängstigend, aber wir ließen uns nicht einschüchtern. Wieder eine Ecke abgewehrt! Harpers (6) half dabei.

180

Einsatz bis zum Letzten kennzeichnete das Moskauer Spiel, bei dem auf beiden Seiten die Gesetze sportlicher Fairneß immer strikt beachtet wurden. Hier versuchte ich, Mittelläufer Baschaschkin den Ball abzujagen.

Der schönste Augenblick: Deutschland führte 2 : 1

*Acht Minuten nach der Pause bahnte sich eine überraschende Wendung
an. Unser linker Flügel aus Köln hatte sich durchgespielt. Hannes Schäfer
übernahm einen Steilpaß Röhrigs, schüttelte seinen Bewacher Parchunow
ab, lief noch ein paar Schritte (Bild oben) und setzte dann aus unmöglichem Winkel zum Torschuß an. Jaschin stand vor seinem Kasten; er wurde
überrascht und ließ sich schnell rückwärts fallen (unten). Zu spät – 2 : 1!*

Nummer 11 war Mittelpunkt unserer Ovationen. Zusammen mit Max
Morlock (links im Bild) und Jupp Röhrig (rechts) stürzte auch ich freudestrahlend auf den Torschützen Schäfer zu. 1:0 hatten die Russen geführt,
dann war mir der Ausgleich gelungen, und jetzt waren die haushohen Favoriten durch einen Prachtschuß auf einmal ins Hintertreffen geraten. Bis
zu diesem Zeitpunkt hatten wir der sowjetischen Klassemannschaft bewie-
sen, daß wir den Titel »Weltmeister« nicht zu Unrecht tragen...

Uns blieb nur die Abwehr! Nach unserem Führungstor dominierten die Russen bis zum Spielende. Stopper Werner Liebrich (Bild links im Zweikampf mit Mittelstürmer Parschin) errang die Bewunderung aller Zuschauer, ebenso wie Herkenrath, vor dessen Tor (Bild oben) sich turbulente Szenen abspielten. Trotz aller Aufopferung wurden wir 3 : 2 geschlagen.

Magnet Fußball! Tausende von Moskauern standen – durch berittene Polizei im Zaun gehalten – um Karten für das Länderspiel an. Das Dynamo-Stadion war viel zu klein. Eine Million oder mehr Fußballfreunde interessierten sich für das Spiel des Jahres. Das ist in der russischen Metropole nicht anders als irgendwo anders in der Welt, wo der Fußball Freunde hat...

»Jus, komm doch endlich!«
Widerwillig trottete er herbei.
»Mach kein Theater«, sagte ich, »lauf an, hau druff!«
Jus machte kein Theater, lief an, haute druff.
1 : 1!
80 000 + 11 faßten neuen Mut. Wir spielten auch etliche Chancen heraus, aber sie reichten zum Führungstreffer nicht aus. Dabei wäre er in diesem Match besonders wichtig gewesen. Die Italiener hätten zwangsläufig ihre Defensive aufstecken und den dichten Sperrgürtel um ihren Strafraum lockern müssen. Damit wären für uns die Möglichkeiten, Tore zu erzielen, natürlich wesentlich zahlreicher geworden.
Was wir erstrebten, gelang den anderen. Zehn Minuten nach dem Elfmeter schafften sie durch ihren Halblinken Pivatelli erneut die Führung.
1 : 2!
Gewarnt, aber doch nicht entmutigt, gingen wir mit diesem Ergebnis in die Pause.

Enttäuschung auf der ganzen Linie

»Zeit lassen!« hieß die Devise der Italiener nach dem Wiederanpfiff. Zeit lassen bei Einwürfen, Abstößen, Freistößen. Durch Zuruf erinnerten sie sich gegenseitig daran, daß sie die Zeit zu ihrem Bundesgenossen machen wollten.
Wir hatten es entschieden eiliger als die Azzurri; jede Minute war kostbar. Mit allen Mann, die verfügbar waren, stürmten wir. Doch, als ob es verhext gewesen wäre: wir kamen auf keinen grünen Zweig. Im Gegenteil, trotz ihrer Defensivtaktik arbeiteten die Italiener klarere Chancen heraus als wir.
Einmal sah ich unseren Ruin schon vor Augen. Ein durchgebrochener Gegner schob den Ball an Fritz Herkenrath vorbei. Das Tor war leer. Für den Angreifer erwies es sich gottlob als zu schmal. Das Leder rollte knapp am Pfosten vorbei ins Aus.
Die Stuttgarter, die noch nie erlebt hatten, daß in ihrem schönen Neckar-Stadion ein Länderspiel verlorenging, wurden unruhig und unzufrieden, sie begannen zu pfeifen. konnte man es ihnen verdenken? Wie schon gesagt – sie stellten an uns diesel-

ben Ansprüche wie die italienischen Schlachtenbummler an ihre wohlvorbereitete Profimannschaft. Bedauerlich, daß Pfiffe nicht nur das Echo einer mißglückten Leistung sind, sondern als entmutigende Begleitmusik in den Ohren nachklingen!

Bisher hatten wir kurz-kurz kombiniert und waren nicht zum Ziel gekommen. In der letzten Viertelstunde versuchten wir es mit einer anderen Methode: Ziemlich weit rechts ließ ich mir die Bälle zuspielen und hob sie dann in den gegnerischen Strafraum, irgendwann mußte doch für uns etwas dabei herausschauen! Vor allen Dingen probierte ich, die italienische Hintermanschaft durch Flankenwechsel zu verwirren. Einmal schien es auch zu klappen. Ich flankte weit hinüber auf die linke Seite, Schäfer kam angebraust, nahm den Ball volley und schmetterte ihn mit aller Kraft – am Tor vorbei. Immer noch stand es 1:2!

Viel zu schnell wanderte der Uhrzeiger. Zehn Minuten noch! Fünf Minuten noch!

Eine weite Vorlage in den gegnerischen Torraum nahm Max Morlock auf. Er köpfte den Ball am herausstürzenden Schlußmann Viola vorbei. Daneben! Kurz vor Überschreiten der Toraußenlinie erreichte Max das Leder ein zweites Mal und hob es zurück zu Hans Schäfer, der vollkommen frei wenige Meter vor dem Kasten stand. Hannes sah, wie Mittelläufer Ferrario von der kurzen Ecke auf die Tormitte zustürzte und wollte den Ball deshalb mit der Stirn in die lange Ecke abfälschen. Schön wär's gewesen! Aber Hänschen war heute kein Hans im Glück, er erwischte das Leder nicht einwandfrei, es landete genau in der Tormitte, wo Ferrario unsere letzte Chance durch Kopfabwehr zunichte machte.

Das Spiel, von dem man sich so viel versprochen hatte, endete also mit einer Niederlage.

»Hätten wir doch wenigstens ein Unentschieden herausgeschunden«, sagte ich in der Kabine deprimiert zum »Chef«.

»Sie wissen ja, wie's ist«, entgegnete Herberger, »wenn's nicht läuft, läuft's halt nicht. Hauptsache, wir sind auf dem Weg, zu unserer früheren Leistung zurückzufinden. Wenn alle gesund sind, wird's schon wieder werden!«

EINLADUNG NACH MOSKAU

Nach dem so unglücklich verlaufenen Treffen mit Italien waren wir als Nationalspieler nahezu fünf Monate lang arbeitslos. Es wären bis zum Jugoslawien-Spiel am 25. September 1955 in Belgrad sogar sechs Monate gewesen, wenn die Sowjetunion uns nicht überraschend nach Moskau eingeladen hätte.

Trotzdem gab es in diesen fünf Monaten – abgesehen von der Sommerpause – kein freies Wochenende. Wieder einmal wurde der 1. FC Kaiserslautern Südwest-Meister. Durch das Fegefeuer von sechs schweren Ausscheidungsspielen (gegen den Hamburger SV, den SV Sodingen und Viktoria Berlin) drangen wir zum fünftenmal in das Finale vor. Dieses vieldiskutierte Endspiel gegen Rot-Weiß Essen spukte unaufhörlich in meinen Gedanken herum, als ich dieses Buch begann. Ich habe es deshalb auch vor alle anderen unvergessenen Spiele gestellt. So trifft es sich, daß ich im ersten und im letzten Kapitel, das das Moskau-Spiel zum Thema hat, über zwei Begegnungen berichte, die auch meinen Lesern noch in unmittelbarer Erinnerung sind.

»Zieh doch den Anzug mit den braunen Karos wieder an«, sagte meine Frau, bevor ich mitten aus dem Urlaub heraus zum Lehrgang nach München-Grünwald fuhr, bei dem Herberger vom 16. Juli ab die Kandidaten für Moskau versammelt hatte. »Dieser Anzug hat dir doch auch Glück gebracht, als du zum Vorbereitungskurs für die Weltmeisterschaft gefahren bist.«

Nun gut, ich fuhr braunkariert. In der Sportschule des Bayerischen Fußballverbandes traf ich die meisten alten Kameraden und ein paar Neulinge bei bester Laune an.

»Ja, wo ist er denn?« fragte ich gleich nach der Begrüßung. Helmut Rahn, der wieder Zimmer 116 mit mir teilen sollte, war nirgends zu entdecken.

»Der wird wohl nicht mitmachen«, sagten sie. »Er hat ein Telegramm geschickt, daß er krank ist und nicht trainieren darf.«

Ach, du lieber Gott, jetzt kommt er nicht, der Himmelhund«, sagte ich enttäuscht.

Aber er kam doch, zwei Tage später zwar und mit der ärztlichen Auflage, sich und seine verkühlten Nieren zu schonen. Mit dem Boß, unserer Stimmungskanone, wurde es erst wieder richtig fidel.

»Ich hab' das Gefühl, der Bursche hat euch allen gefehlt«, stellte sogar Herberger fest. »Es war direkt unschön ruhig!«

Schon am ersten Abend brachte Rahn seine Skatfreunde Juskowiak und Harpers zur Weißglut.

»Dreißig«, reizte er frech. »Vierundfünfzig! Dreiundsechzig! Karo Hand!«

»Kontra«, brüllte Jus aufgeregt.

»Wer sagt hier kontra?« protestierte Gerd Harpers. »Wenn hier jemand kontra sagt, dann bin's ich! Kontra!«

»Re, meine Herren!« Der Boß ließ sich nicht ins Bockshorn jagen. Der Bruder mußte eine Bombenkarte haben! Denkste! Er machte nicht einen einzigen Stich! Die andern knallten wütend die Karten auf den Tisch, und er verzog sich feixend. Da Gerd und Jus allein nicht weiterspielen konnten, gingen sie in ihrem Zimmer auf Mottenjagd. Sie hatten gerade das letzte Exemplar vernichtet, als an der Tür geklopft wurde.

»Kinder, macht doch mal schnell auf. Ich hab' noch was für euch«, tuschelte der Boß wichtig. Nur einen Spaltbreit öffneten die beiden die Tür. Helmut steckte seine Faust ins Zimmer, machte sie auf und schenkte zwanzig dicken Motten die Freiheit. Er hatte sie mit einiger Ausdauer auf dem Flur gefangen.

»Hier, Freunde, da bring' ich euch noch ein bißchen Arbeit!« Rums – weg war er!

Natürlich waren wir nicht zum Skatspielen und Mottenfangen nach Grünwald gekommen. Herberger legte Wert darauf, den Stamm der Nationalspieler und die Besten vom Nachwuchs um sich zu haben.

»Es tut mir leid«, sagte er bei der Begrüßung, »daß ich euch die Sommerpause verkürzen mußte. Aber ihr wißt ja alle, um was es geht. Das Spiel gegen Jugoslawien ist vorläufig in den Hintergrund getreten, jetzt muß sich alles um Moskau drehen. Leider ist der Termin so kurz nach der Sommerpause für uns nicht günstig, trotzdem weiß ich, daß ich mich auf jeden von euch hundertprozentig verlassen kann. Darum nichts wie raus aus der Ferienstimmung, damit wir am 21. August in Höchstform in das Dynamo-Stadion einlaufen können!«

Es sei eine dankbare Aufgabe, meinte der Bundestrainer weiter, die so unglücklich verlaufenen Spiele nach der Weltmeisterschaft durch ehrenvolles Abschneiden in Moskau vergessen zu lassen. Mit einem Schlag können wir beweisen, daß wir zu Recht Weltmeister geworden sind.

»Eine Fußballelf besteht nicht nur aus Abwehr und Angriff«, prägte er vor allen Dingen den Neulingen ein, genauso, wie er es schon vor fünfzehn Jahren gepredigt hatte, als ich zum erstenmal bei ihm einen Lehrgang mitmachte. »Wenn die eigene Mannschaft am Ball ist, wird jeder zum Angriffsspieler, geht das Leder verloren, wehren alle ab. Natürlich bedingt diese Taktik blendende Kondition. Es gehört schon einiges dazu, eineinhalb Stunden lang ununterbrochen zu laufen. Je mehr aber eine Mannschaft in Bewegung ist, jeder einzelne sich freiläuft und die Position wechselt, um so schwieriger ist es für den Gegner, mit ihr fertig zu werden.«

Dieser Kondition wegen trainierten wir in Grünwald überaus hart. Ballschule, Laufarbeit, Übungsspiele Sturm gegen Hintermannschaft und Kämpfe gegen Münchner Amateurvereine lösten einander ab. Nur Werner Liebrich konnte wegen seiner Verletzung, die er sich am 26. März im Treffen gegen Worms zugezogen hatte, nicht richtig mitmachen – und Helmut Rahn durfte nicht.

»Sie werden sehen«, sagte ich zu Herberger, »wenn wir nach dem theoretischen Unterricht rausgehen auf den Platz, dann schießt der Boß trotz aller ärztlichen Verbote gleich wieder den Kasten kaputt.«

Ich hockte hinter einem Tor und zog mir gerade die Fußballschuhe an – Herberger war noch nicht in Sicht –, da hatte Rahn schon Pfosten und Querlatte demoliert und den Torwächter halb k. o. geschossen.

»Ja, Boß, bist du denn wahnsinnig«, brüllte der besorgte Chef, als er hinzukam. »Ich hab' dir doch gesagt...«

Aber was nutzt es schon, einem solch ballbesessenen Mannsbild etwas zu sagen? Später, als der Sturm gegen die Hintermannschaft antrat, wurde Helmut neben dem Bundestrainer festgenagelt. Blaß vor Neid schaute er zu, als wir neun Stürmer (Haase, Röhrig, Biesinger, Buchenau, Morlock, Waldner, Fritz Walter und die »Gastspieler« Juskowiak und Werner Liebrich als Torwart) gegen neun Mann von der Hintermannschaft (Kubsch, Posipal, Mai, Eckel, Hoffmann, Harpers, Link, Semmelmann und Retter) unter der Leitung von »Schiedsrichter ehrenhalber« Erhardt zum Kampf auf den Rasen liefen.

Gespielt wurde genau nach den Regeln mit härtestem Einsatz, zweimal eine halbe Stunde lang.

Schon nach wenigen Minuten lagen wir vom Sturm mit 0:2 im Rückstand. Als Liebrich bei einem Zusammenprall verletzt wurde, hatten wir plötzlich keinen Torwart mehr. Neun gegen acht: Unmöglich! Wir brauchten Ersatz.

»Boß!« brüllte ich. Wie elektrisiert sprang er hoch und rannte aufs Spielfeld. Er war schon fast bei uns, da schrie Herberger: »Bleibst du da! Boß, sofort hierher!«

»Aber Herr Herberger, wir brauchen doch einen Tormann«, bettelte ich. »Wir haben doch niemand mehr. Boß, auf, komm!«

Was blieb dem Chef übrig, als ja und amen zu sagen? Helmut Rahn stellte sich zwischen die Pfosten. Er winkte huldvoll Anerkennung, als wir auf 2:1 herankamen. Wenig später zog er schuldbewußt den Kopf zwischen die Schultern, er hatte das Leder passieren lassen. 3:1 für die anderen!

Und dann war er auf einmal nicht mehr zu halten. Er brauste mit dem Ball bis zur Mittellinie, umspielte zwei, drei Mann, gab eine Vorlage und trabte auf schnellstem Weg wieder zu seinem Kasten zurück. Solch gefährliche Ausflüge leistete er sich am laufenden Band. Herberger schrie und schimpfte.

»Hau doch ab, bleib hinten drin!« raunzte ich den Stürmer-Torwart an. Alles zwecklos! Zu seinem Glück war ich nicht richtig in Form. Deshalb rief ich ihm, als er wieder vorbeistürmte, zu: »Torwartwechsel! Bleib da, ich geh' hinten rein!«

Unter allgemeinem Gelächter (den Chef ausgenommen) fand der Wechsel statt.

Während es bei Halbzeit noch 2:3 stand, gingen wir bald nach dem Wiederanpfiff mit 7:4 in Führung. Eigenlob stinkt, aber ich war ein mustergültiger Torwart. Die tollsten Schüsse… knallten an Pfosten oder Latte.

»Das ist auch 'ne Kunst«, sagte ich. »Die guck' ich alle neben-
dran. Ein guter Torwart muß das können!«
Dann kam eine Bombe. Blitzschnell wie Turek und Herkenrath
reagierte ich, hielt vorsichtshalber aber nur die Fingerspitzen
hin. Das reichte nicht. Der Ball war drin. Und dann kam wieder
eine Bombe. Erich Retter ließ sie aus fünf Metern direkt ge-
meingefährlich auf mich los. Ich reagierte wieder blitzschnell
und – hielt beide Hände schützend vors Gesicht. Meine »Parade« war goldrichtig. Klatsch! machte es, und der Ball prallte
von meinen Händen ins Feld zurück. Harpers, der doch sonst
ein so feiner Mensch ist, brachte mich erneut in Nöte. Er nahm
das Leder auf, schmetterte es postwendend in die entgegengesetzte Ecke und brüllte: Tor! Ein strenger Blick von mir – der
Ball prallte eingeschüchtert an den Pfosten und flog mir von
dort brav in die liebevoll geöffneten Arme. Fachkundig legte
ich mich auf den Boden und begrub das Leder unter mir.
Die Herren Mitspieler eilten herbei und klopften mir anerkennend auf die Schulter.
Als Erhardt abpfiff, lagen wir mit 9:5 in Front. Wir ehrten die
tapferen Verlierer durch ein dreifaches Hipp, hipp, hurra. Sie
fluchten nicht schlecht und schworen erbitterte Revanche.
Doch gleich, ob man bei solchen Spielen zu den Über- oder
Unterlegenen gehört – diese Art zu trainieren ist uns immer
noch die liebste. Schon von jeher vertrat Herberger die Ansicht,
daß stures Rundendrehen kein Zaubermittel sei, um gute Kondition zu erreichen. Daß wir sie gegen die Russen mehr als je
zuvor brauchen würden, war von vornherein klar. Wie hervorragend die Sowjets körperlich in Schwung waren, sahen wir in
zwei Filmen über Spiele von Dynamo und Spartak, den führen-
den Moskauer Vereinen. Der Streifen vom Kampf der russischen Nationalmannschaft gegen Schweden, den uns Herberger
am liebsten gezeigt hätte, traf bis zum Abschluß des Grünwal-
der Lehrgangs nicht ein...

Wir erfüllten unser Soll

Wir sahen den Film erst in Berlin, wo wir uns am Montag vor
dem Moskau-Spiel im Verbandsheim am Wannsee versammel-

ten. Wir waren sechzehn Mann. Zu unserem Aufgebot gehörten auch Willi Schröder aus Bremen, der sich beim Treffen Norddeutschland gegen Süd und gegen Südwest besonders hervorgetan hatte, und Werner Liebrich, der in der Elf des Südwestens zum erstenmal seit fünf Monaten ein Spiel schmerzfrei durchstehen konnte.

Um auf den Film zurückzukommen: In einem kleinen Kino nahe bei unserem Quartier ließen wir ihn uns zweimal hintereinander vorführen. Leider war der Streifen nicht besonders gut. Man erkannte zwar, wie die Russen mit allen Mann stürmten, in der nächsten Spielphase schon wieder mit allen verteidigten. Man sah auch, wie der Torwart sehr oft weit vor seinem Kasten stand, außerhalb des Strafraums dritter Verteidiger spielte und die Bälle, die er gefangen hatte, sofort seinen Halbstürmern zuwarf. Taktische Einzelheiten konnten wir dem Film leider nicht entnehmen.

»Man spricht soviel vom modernen Spiel der Russen«, sagte Herberger. »Dabei unterscheidet sich ihr System im wesentlichen nicht von dem, das ich seit Jahren predige, und das eine der Grundlagen unseres Erfolgs in der Schweiz war: alle Mann stürmen, alle Mann verteidigen!«

Am Dienstag floß der Schweiß in Strömen. Erst liefen wir auf dem Trainingsplatz ein paar Auflockerungsrunden, um die Gefahr von Muskelzerrungen auszuschalten. Dann wurden wir in Gruppen eingeteilt: drei spielten gegen einen, etwa Schäfer, Röhrig, Schröder, Mai oder Posipal, Liebrich, Juskowiak, Retter oder Rahn, Morlock, Fritz Walter, Eckel. Dabei paßten sich drei Mann auf engstem Raum den Ball zu, der vierte in der Mitte mußte versuchen, ihn abzufangen. Wer das Leder an ihn verlor, hatte seine Stelle einzunehmen. Man mußte sich immer freilaufen, damit der Mann mit dem Ball zwei Abspielmöglichkeiten hatte.

Mit dem gleichen schweißtreibenden Spielchen unterhielten sich dann vier gegen zwei, später acht gegen acht. Zwischendurch machten die beiden Torwächter Herkenrath und Kwiatkowski Sondertraining. Sie warfen oder schossen sich Bälle zu und übten Abstöße. Höhepunkt des Vormittags war der traditionelle Kampf Sturm gegen Hintermannschaft. Die Revanche für München mißglückte. Der Sturm siegte 4 : 3.

Jeder wußte mittags, was er geleistet hatte. Wir blickten uns vielsagend an. Kein Zweifel, daß unser »Soll« hundertprozentig erfüllt war!

Nach dem Kaffeetrinken ging es erneut auf den Sportplatz. Neuauflage des Vormittagsprogramms. Wieder spielte Sturm gegen Hintermannschaft. Jedem der acht Sieger stellte der Chef eine Tafel Schokolade in Aussicht. Sie schien uns sicher, denn nach Ablauf der regulären Spielzeit stand das Treffen 1:0 für den Sturm. Und jetzt kommt der Schwindel: Herberger, der Psychologe, wollte auch die Hintermannschaft bei guter Laune erhalten. Sie durfte nicht verlieren, also spielten wir drei Minuten über die Zeit, vier Minuten, vielleicht würden wir heute noch spielen, wenn nicht Horst Eckel zu unser aller Glück den Ausgleich geschossen hätte. Preisfrage: wem stand jetzt die Schokolade zu: Mit ein bißchen gesundem Menschenverstand wird man zugeben, daß auch das Vormittagsspiel mit zur Bewertung herangezogen werden mußte. Die Hintermannschaft sträubte sich mit Händen und Füßen gegen diesen plausiblen Vorschlag. Herberger fällte ein salomonisches Urteil: Er behielt die Schokolade für sich.

Nach diesem Dienstag war unser aller Bedarf an Training reichlich gedeckt, um so mehr, als für Moskau auch noch ein Trainingstag vorgesehen war. Wir machten deshalb mittwochs eine Tagesrundfahrt auf dem Wannsee, besuchten ein Kino, packten unsere Koffer und gingen abends mit den Hühnern ins Bett.

»Du auch Kapitano?«

Mitten in der Nacht, um halb sechs Uhr, wurden wir geweckt. Wir frühstückten und fuhren mit dem Bus durch den Sowjetsektor zum Flugplatz Berlin-Schönefeld. Pünktlich auf die Minute um 8.40 Uhr startete das zweimotorige Sonderflugzeug der sowjetrussischen Aeroflot. Wir flogen in 3400 Meter Höhe, die Maschine lag wie ein Brett in der Luft. Ich saß neben Hans Huber, dem Vizepräsidenten des DFB, der auch nicht gern fliegt. Nach der ersten Stunde verstieg ich mich zu dem Ausruf: »Na ja, wenn's in dem Stil weitergeht, dann überleben wir es beide.«

In Wilna war Zwischenlandung. Während die Maschine aufgetankt wurde, ließen wir die kurze Paßkontrolle über uns ergehen und nahmen dann zum Mittagessen Platz. Auf der Tafel stand eine ganze Batterie verschiedener Getränke. Man hätte uns gern mit Suppen gefüttert, und Kaviar gab es auch.

»Wollt ihr Suppe?« fragte ich.

Allgemeines Kopfschütteln.

»Wollt ihr etwas zu trinken?«

Allgemeines Kopfschütteln.

»Wollt ihr Kaviar?«

Allgemeines Kopfschütteln.

Herberger konnte sich das Lachen nicht verkneifen. Auch wir nahmen unsere freiwillige Enthaltsamkeit von der lustigen Seite und aßen eine Kleinigkeit, die der Kondition nicht schaden konnte.

Nach einer Stunde starteten wir wieder. Unser Ziel: Wnukowo, der Flugplatz von Moskau. Wir flogen über endlose Wälder und Seengebiete. Ein Mann der vierköpfigen Besatzung servierte aus Thermosflaschen russischen Tee. Abwechselnd schauten sich ein paar von uns in der Kanzel des Flugzeugs um. Als letzter ging ich nach vorn und setzte mich zwischen den Kapitän und den zweiten Piloten.

»Du auch Kapitano?« radebrechte der Chefpilot und strahlte, als ich zustimmend nickte. Wir begannen eine schwindelerregende Unterhaltung. Kollege Kapitano war begeisterter Anhänger von Spartak Moskau und wollte selbstverständlich beim Länderspiel am kommenden Sonntag dabeisein. Vor sich hatte er die Passagierliste liegen. In kyrillischen Buchstaben natürlich. Ich konnte die Namen nicht lesen, und er sprach sie nur schwer verständlich aus. Trotzdem mußte ich ihm hinter jeden Spieler die Rückennummer schreiben. Ein hartes Stück Arbeit.

Als wir landeten, saß ich immer noch zwischen den beiden Flugzeugführern. Von der Kanzel aus sah ich, daß eine Menge Leute zu unserem Empfang erschienen war. Ich verabschiedete mich von den Piloten und verließ mit den Kameraden die Aeroflot-Maschine.

Die Funktionäre des sowjetrussischen Fußballsports begrüßten uns. Jeder bekam einen Blumenstrauß in die Hand gedrückt, dann ging es hinein ins Flughafengebäude. Während die Pässe kontrolliert wurden, mußten wir einer Meute von russischen Journalisten Rede und Antwort stehen. Sie hatten sich Dolmetscher mitgebracht. Vor allem Herberger und mir setzten sie zu. Einer der Reporter fuhr gleich mit schwerem Geschütz auf: »Eine deutsche Zeitung hat geschrieben«, sagte er, »›was Napoleon und Hitler nicht gelungen ist, wird die deutsche Fußballelf schaffen: in Moskau zu siegen.‹ Was meinen Sie dazu?«

»Wir sind hierher gekommen, um ein gutes Spiel zu zeigen«, erwiderte ich, »und ein ehrenvolles Ergebnis zu erzielen.«

»Was halten Sie vom sowjetrussischen Fußball?«

»Die Frage kann ich leider nicht beantworten, weil ich noch keine russische Mannschaft gesehen habe.«

Inzwischen waren auch deutsche Journalisten aufgetaucht. Es gab ein frohes Wiedersehen und das übliche Drum und Dran. Endlich saßen wir in einem Omnibus und fuhren los. Bis Moskau waren es dreißig Kilometer. Was uns in der Stadt sofort auffiel: Die immens breiten und mustergültig sauberen Straßen. Sie waren flankiert von prächtigen und weniger prächtigen Bauten. Im Hotel »Sowjetskaja« stiegen wir ab.

»Ein toller Kasten«, flüsterten wir uns beim Betreten der Halle zu. Dicke Teppiche, Marmor, Kristall! Wir warteten unten, bis das Gepäck mit einem Extrabus nachgekommen war und fuhren dann mit dem Lift hoch in den vierten Stock. Unsere Zimmer lagen in einer langen Flucht nebeneinander. Der Boß und ich bekamen Nr. 420.

Wir staunten nicht schlecht, als wir eintraten. Uns wurde buchstäblich blau vor den Augen. Schwere, blaue Plüschvorhänge, blaue Klubsessel (mit weißen Schondeckchen), blaue Paradekissen, blaue Vasenlampe, blaue Stehlampe – alles blau. Ein dicker Teppich verschluckte jeden Schritt. Wir hatten ein eigenes Bad, mit warmem und kaltem Wasser selbstverständlich. Auch der Anschluß für den elektrischen Rasierapparat, wahlweise für 110 und 220 Volt, war nicht vergessen. Allerdings kamen unsere Apparate nicht auf Touren. Zum Glück für uns beide hatte ich Pinsel, Seife und Klingen dabei. Wir machten uns frisch und fuhren hinunter in den Speiseraum zum Abendessen. Das Angebot war reichhaltig, doch unsere Auswahl vollzog sich nach Wilnaer Muster:

»Wollt ihr Suppe ?«

Allgemeines Kopfschütteln.

»Wollt ihr etwas zu trinken?«

Allgemeines Kopfschütteln.

»Wollt ihr Kaviar?«

Allgemeines Kopfschütteln. Allgemeines Gaudium. Wir beschränkten uns wie all die Tage bis zum Spiel auf ein kleines Schnittchen mit Schinken, Wurst oder wunderbar schmeckendem Stör als Vorspeise. Zur Hauptmahlzeit gab es genau nach Herbergers Anweisung Rumpsteak, Filetsteak oder Schnitzel mit verschiedenen Gemüsen. Da Getränke tabu waren, freuten wir uns, daß es viel Kompott gab und herrliche Wassermelonen. Dabei hätten wir am liebsten eimerweise getrunken, denn die Hitze in Moskau war infernalisch. In den ersten Stunden nach der Ankunft fühlten wir uns wie erschlagen.

Überraschungen

Am Freitagmorgen fuhren wir zum erstenmal ins Dynamo-Stadion, das nur wenige Minuten von unserem Hotel entfernt lag. Unterwegs sahen wir in endlosen Schlangen Tausende von Moskauern nach Karten für das Länderspiel anstehen. Berittene Polizei sorgte für Ordnung.

Gelotst von unserem Dolmetscher, der uns immer zur Verfügung stand, gingen wir in die Umkleideräume unter der Tribüne. Schon im Gang schauten wir uns verblüfft an: Die ganze Gegend war mit Teppichen ausgelegt, Klubsessel standen herum, es gab einen Zeitungs- und Erfrischungsstand.

»Gehen wir nun eigentlich zum Fußballspielen oder ins Theater?« fragte einer, als wir unsere Kabine betraten.

»Wie zu Hause in der guten Stube«, staunte ein anderer.

Wir waren alle maßlos überrascht. Seit ich Fußball spiele, gleicht eine Umkleidekabine der anderen aufs Haar. Bänke links, Bänke rechts und dazu Kleiderhaken. Und hier: In der Mitte ein riesiger, runder Tisch mit Blumenstrauß darauf! Der ganze Raum ausgelegt mit schweren Teppichen! Klubsessel und Couches überall! Nebenan ein wunderbarer Brauseraum!

Wir zogen uns um und gingen hinaus auf den Platz. Es war elf Uhr Moskauer Zeit, und die Hitze hatte ihren Höhepunkt erreicht. 35 Grad! Wir hatten ziemlich viele Zuschauer: Journalisten, Fotografen, und irgendwo oben auf den Rängen saß auch die russische Mannschaft.

Wir liefen uns warm, spielten dann wie daheim drei gegen einen, vier gegen zwei und zum Abschluß acht gegen acht.

»Schießt auch ruhig mal aufs Tor«, sagte Herberger, »damit sich der Fritz Herkenrath an die russischen Bälle gewöhnt.«

Sie waren genauso groß wie unsere, aber etwas leichter. Der Ball vibrierte in der Flugbahn, und die ersten Schüsse gingen über den Kasten. Der Rasen war verhältnismäßig gut, allerdings furchtbar hart. Und unter den Kreidemarkierungen fehlte das Gras. Ein paar Arbeiter waren dabei, die Laufbahn des Stadions ausgiebig zu spritzen.

»Uns wäre lieber, sie würden den Rasen sprengen«, sagte ich zum Chef. »Kann man das nicht vorschlagen?«

»Mal sehen, was sich tun läßt«, versprach Herberger. Wir glaubten zwar nicht recht, daß er Erfolg haben würde, aber fragen kostete ja nichts. Er hatte Erfolg! Am Sonntag vor dem Spiel wurde der Rasen gesprengt.

Während des Trainings verletzte sich Erich Retter bei einem unglücklichen Zusammenprall und mußte aufhören. Ein Malheur kommt selten allein. Schon wenige Minuten danach begann zu unserem Entsetzen Karl Mai zu humpeln – er hatte bei einem Spurt ganz unvermittelt starke Schmerzen in der Leistengegend verspürt. Kurz vor dem Italien-Spiel war ihm dieselbe Geschichte schon mal passiert, Gott sei Dank aber nach wenigen Tagen vergangen.

»Für heute reicht's!« rief Herberger. Wir waren längst in Schweiß gebadet und atmeten erleichtert auf.

Nachmittags besuchten wir die Landwirtschaftliche Ausstellung, seit eineinhalb Jahren eine der meist gepriesenen Sehenswürdigkeiten Moskaus. Dort tranken wir in einem Pavillon Kaffee. Zum Abendessen waren wir wieder im Hotel und gingen anschließend gleich ins Bett.

Am Samstag hatten wir Gelegenheit, die Rubel rollen zu lassen. Wir bummelten durch das GUM, Moskaus größtes Kaufhaus. Was wir gern gekauft hätten, einen wunderschönen Nerzmantel zum Beispiel, war natürlich unerschwinglich (30 000 Rubel!); was wir uns hätten leisten können, gibt es daheim besser und billiger. Schließlich kam Werner Liebrich auf die Idee, sich als Souvenir eine Balalaika auszusuchen. Andere machten es ihm nach. Viele aber sparten lieber und legten ihre Rubel in Kaviar, Wodka und Krimsekt an. Der Dolmetscher gab eine Gemeinschaftsbestellung auf und veranlaßte, daß die Dosen und Flaschen ins Hotel geschickt wurden.

Herberger hatte für nachmittags um vier Uhr noch mal ein kurzes Training angesetzt.

»Uns wäre Bettruhe lieber«, sagten wir. »Alles, nur nicht mehr raus in die Hitze!«

»Na schön, wenn ihr glaubt, daß es so besser ist – bleiben wir daheim! Dann geht aber alle aufs Zimmer, Deuser kommt zur Massage vorbei. Ich schicke euch um vier Uhr Tee und etwas Obst rauf. Dann habt ihr endlich auch Zeit, in Ruhe eure Karten zu schreiben.«

A propos schreiben! Die zehn frankierten Karten, die wir im Ausland jedesmal bekommen, gingen gleich am ersten Abend drauf. Doch damit war es nicht getan, wenn wir uns nicht viele Freundschaften verderben wollten. Jeder opferte mindestens das halbe Taschengeld für Porto. Um überhaupt einigermaßen über die Runden zu kommen, schrieben manche nach dem Frühstück zehn Ansichtskarten, nach dem Mittagessen zehn, nach dem Kaffee zehn und nach dem Abendessen wieder zehn. Da alle von Herberger und sämtlichen Spielern unterschrieben sein mußten, läßt sich unser Arbeitspensum leicht abschätzen.

Im Laufe des Nachmittags ging der Bundestrainer von Zimmer zu Zimmer, unterhielt sich noch einmal mit jedem und gab individuelle Ratschläge.

Nach dem Abendessen machten wir erste Bekanntschaft mit dem russischen Fußball – als Zuschauer beim Nachtspiel Lokomotive Moskau gegen Tiflis. Die Mannschaften waren ziemlich gleichwertig, und doch standen oft eindunzwanzig Mann in einer Spielhälfte, im nächsten Augenblick aber schon in der anderen. Frappierend, wie schnell diese Kerle waren! Interessant für uns das Verhalten der Torwächter! Weit außerhalb des Strafraums griffen sie ins Spiel ein. Inzwischen fing es zu regnen an; wir wurden gern naß, denn die Abkühlung tat uns gut. Hoffentlich sparte sich der Himmel noch einen tüchtigen Guß für morgen auf!

Im Zimmer von Dr. Peco Bauwens, das besonders groß war, fand am Sonntagmittag um halb zwölf Uhr die Spielersitzung statt. Ganz intern. Außer Herberger und seinen sechzehn Schützlingen war niemand dabei. Der Chef wiederholte noch einmal, was seiner Meinung nach zu tun war, um gut abzuschneiden. Jeder der Hintermannschaft wurde angewiesen, in der ersten Viertelstunde konsequent zu decken. Hauptaufgabe unserer Außenläufer war in dieser Zeit die Defensive. Der Sturm mußte ohne Unterstützung der beiden auskommen. Die fünf Mann im Angriff sollten auf eigene Faust operieren, und zwar so intensiv, daß die Russen nicht zu überlegen wurden und unsere Hintermannschaft nicht in zu große Kalamitäten kam. Herberger wies auch auf die Ausflüge des russischen Torwarts hin. Theoretisch bestand doch die Möglichkeit, ihn, wenn er dreißig Meter oder mehr vor seinem Kasten stehen sollte, durch einen hohen Flugball zu überwinden!

Leider Gottes hatte es sich inzwischen herausgestellt, daß Erich Retter – durch Verletzung so unglücklich um seine Teilnahme an der Weltmeisterschaft gebracht – für dieses Spiel ebenfalls nicht in Frage kam. Auch Karl Mai, der ja zum Stamm der Nationalelf gehört, und über dessen Aufstellung sicherlich nicht diskutiert worden wäre, ließ uns unfreiwillig im Stich. Zum Glück standen für die beiden Ausfälle mit Juskowiak und Harpers zwei erstklassige Leute zur Verfügung. Die Mannschaft, die Deutschland in diesem denkwürdigen Kampf gegen die Elf der Sowjetunion vertrat, stand also fest:

Herkenrath

Juskowiak   Posipal

Eckel   Liebrich   Harpers

Rahn   F. Walter   Morlock   Röhrig   Schäfer

●

Iljin   Salnikow   Parschin   Isajew   Tatuschin

Netto   Baschaschkin   Maslonkin

Ogonjkow   Parchunow

Jaschin

Während der Spielersitzung war die vorstehende Aufstellung der Russen noch ungewiß. Wir wußten nicht, ob Kapitän Igor Netto, der hervorragende Aufbauläufer und Spielmacher der Sowjets, links oder rechts eingesetzt würde. Egal wie, Mittelstürmer Max Morlock bekam Auftrag, den sehr offensiven Netto kaltzustellen. Ich sollte mich zwischen Mittelläufer und Verteidiger schieben und von hier aus unsere Angriffe einfädeln.

»Alles klar?« fragte der Chef, als wir das Spiel theoretisch hinter uns hatten.

»Alles klar!« antwortete ich, »aber wer schießt Elfmeter?«

»Das hab' ich mir extra für den Schluß aufgehoben. Merkt ihr was, da hinten wird schon einer kleiner...«

Wie auf Kommando wandte sich alles Juskowiak zu. Jus ist ein Bär, ein »Eisbär«, wie seine Skatpartner Rahn und Harpers ihn nennen, wenn sie ihn in Wut bringen wollen. Er kann einen Torwart kaputtschießen, aber seine angeborene Gutmütigkeit nimmt ihm oft den richtigen Schwung.

»Wir müssen ihm tatsächlich vorher den ›Heiligen Geist‹ geben, damit er richtig in Rage kommt«, scherzte der Chef und entschied eisern: »Elfmeterschütze Nummer 1 ist Juskowiak!«

Als Nummer 2 wurde ich bestimmt, und – da man ja nie wissen kann, was passiert – als Nummer 3 Jupp Röhrig.

Gutgelaunt und mit der festen Absicht, nach Möglichkeit wieder mal einen wegzuputzen, gingen wir zum Mittagessen. In streng eingehaltener Tradition bestand es wie vor jedem Länderspiel auch in Moskau aus Hühnchen.

✳

Die Abfahrt zum Stadion wurde auf 15.15 Uhr russischer Zeit festgesetzt. Bis dahin war Bettruhe. Der Boß und ich lagen in unserem blauen Plüschparadies, als es gegen 14.15 Uhr zu blitzen und zu donnern begann.

»Jetzt fehlt nur noch ein schöner Gewitterregen. Mehr Glück könnten wir nicht haben. Das wäre ein gutes Vorzeichen«, stellten wir gemeinsam fest.

Genau um 14.25 Uhr – wir haben auf die Uhr geschaut – fielen die ersten Regentropfen. Wir liefen sofort zum Fenster.

»Das wird nichts Richtiges, es hört bestimmt gleich wieder auf«, sagte ich. Doch plötzlich goß es in Strömen.

202

Boß, du wirst sehen, es dauert keine fünf Minuten, dann ist der Chef da!«
Schon nach zwei Minuten ging die Tür auf: Herberger kam.
»Na, und jetzt…?« sagte er. Wir lachten nur. »Was gibt's denn da zu lachen?«
Ich gestand, daß wir ihn bereits erwartet hatten.
Es regnete eine Viertelstunde lang. Mehr wäre uns lieber gewesen, aber es hatte sich auch so schon merklich abgekühlt.
Pünktlich stiegen wir in den Omnibus, der uns zum Stadion brachte. Ein russischer Polizist fuhr mit einem Motorrad voraus. Der Verkehr auf den Anfahrtstraßen kam uns auffallend ruhig vor – die meisten Zuschauer waren wohl schon auf ihren Plätzen. Viele Passanten winkten uns zu.
In unserer Luxuskabine ging es genauso hoch her wie sonst vor Spielen auch. Nur, daß wir nicht auf harten Holzbänken, sondern in Klubsesseln saßen, um die Schuhe zuzubinden. Die Stollenfrage war schon geklärt. Wir trugen normale Klötzchen. Deuser machte ein letztes Mal die Runde, legte dem einen eine Bandage an, rieb den anderen mit Trafuril ein, einem Mittel, das die Muskulatur anwärmt und Zerrungen vorbeugt.
Fertig angezogen waren wir nun, aber keine Rede davon, daß es losgehen konnte. Zunächst waltete unser Dolmetscher seines Amtes und machte uns bis in alle Einzelheiten mit dem vorgeschriebenen Zeremoniell vertraut. Ordnung muß sein! Jeder nahm den Blumenstrauß, der auf seinem Platz lag, in den linken Arm (den linken! Auch das wurde vorherbestimmt) und war damit für die Feierlichkeiten gewappnet.
Wir standen schon halb im Gang, als uns einfiel: … der Kreis! O je, wir haben den Kreis vergessen! Alles drängte sich noch mal in die gute Stube, um das Versäumte nachzuholen. Wir versprachen einander, im traditionellen Kreis stehend, durch Händedruck, mit letztem Einsatz um den Sieg zu kämpfen!
Im Vorraum sahen wir zum erstenmal die russische Mannschaft aus der Nähe. Die Spieler trugen weiße Hosen und rote Jerseys mit den Buchstaben CCCP auf der Brust (in unserer Schreibweise: SSSR – Union der Sozialistischen Sowjetrepubliken). Auch sie hielten Blumen im linken Arm.
»Fritz, wir müssen schauen, daß wir links einlaufen! Das bringt bei uns in Köln immer Glück«, flüsterte mir Jupp Röhrig zu.

Na schön, ich konnte es so einrichten, daß wir tatsächlich auf die linke Seite kamen. Ich stand mit dem Kapitän der Russen, Netto, auf gleicher Höhe, wir schüttelten uns die Hand und lachten uns an. Diese Art der Begrüßung wird von den Sportlern auf der ganzen Welt verstanden.

Sepp Herberger und der russische Trainer Katschalin führten uns auf den Rasen. In der Spielfeldmitte marschierten wir links, die Russen rechts herum. Im Halbkreis standen wir da und hörten uns die Reden der Offiziellen und die Nationalhymnen an. Zuerst spielte die russische Militärkapelle das Deutschlandlied... Hoch über dem Stadion flatterte die schwarzrotgoldene Fahne der Bundesrepublik. Das riesige Oval wurde beherrscht von dem gewaltigen Relief Lenins und Stalins. Weithin erstreckte sich darunter ein Transparent mit russischer Schrift: »Unter dem Banner von Marx – Engels – Lenin – Stalin. Unter der Führung der Kommunistischen Partei – vorwärts zum Sieg des Kommunismus!« Speziell für die Gäste bestimmt war eine kleinere Inschrift: »Gruß den Sportlern der Deutschen Bundesrepublik!«

Ob es so etwas schon mal gegeben hat? Über 80 000 Russen hörten mitten in Moskau das Deutschlandlied! Nach den Nationalhymnen gingen die Mannschaften aufeinander zu und tauschten die Blumensträuße aus. Nächster Programmpunkt: Deutsche und Russen liefen kunterbunt durcheinander zum Spielfeldrand und warfen Blumen in die Zuschauer. Anschließend zog sich jedes Team in eine Spielhälfte zurück und machte zehn Minuten lang einen kleinen Aufgalopp.

Als der Gong ertönte, verzogen wir uns in einen schon vorher bezeichneten Tunnel.

»How do you do?« fragte plötzlich jemand hinter mir: der englische Schiedsrichter Ling. Mit den beiden Linienrichtern hatte er gewartet, bis die für westliche Begriffe ungewöhnliche Prozedur überstanden war.

Den Augen der Zuschauer entzogen, nahmen wir hintereinander Aufstellung, die Russen rechts, wir (Jupp Röhrig zuliebe) links und spazierten zum zweitenmal aufs Spielfeld.

Am Mittelkreis brachten die Russen auf uns eine Art Hochruf aus, wir dankten mit hipp-hipp-hurra. Wimpelaustausch! Platzwahl! Ich verlor sie. Dann hatten wir endlich Anstoß!

DAS SPIEL DES JAHRES

Max Morlock übernahm sofort Netto, ich schob mich wie besprochen zwischen Mittelläufer und linken Verteidiger. Bald schon hatte ich heraus, daß der russische Stopper Baschaschkin nicht preß am Mann deckte. Daraus mußte doch Kapital zu schlagen sein! Die ersten Angriffe liefen planmäßig über meine Seite. War ich im Ballbesitz, suchte ich den Boß, wartete, bis er an seinem Verteidiger vorbei in den freien Raum laufen würde und ich steil spielen konnte. Dabei gab es ein paarmal knallende Fehlzündungen. Im Gegensatz zu sonst, wo wir uns immer gut »vertrugen«, wollte Helmut aus unerklärlichen Gründen den Ball nicht steil, sondern quer haben. Mit lauten Zurufen suchte er mir das klarzumachen. Was war los? Hatte er schon raus, daß sein Bewacher Ogonjkow mit den tollsten Spurts nicht zu schlagen war? Ogonjkow ist ungeheuer schnell.

Trotz der anfänglichen Mißverständnisse lief unser Spiel überraschend gut; es gelang uns, die Russen wiederholt in Bedrängnis zu bringen. Von der Dampfwalze, die uns laut überängstlichen Pressevorhersagen schon in den ersten Minuten sang- und klanglos überrollen würde, war nichts zu merken. Natürlich stürmte auch der Gegner energisch, und unsere Hintermannschaft mußte sich wiederholt ihrer Haut wehren. Alles in allem aber schien das Spiel ziemlich ausgeglichen.

Horst Eckel unterlief ein unbeabsichtigtes, harmloses Foul. Er streckte seinem Gegner zur Versöhnung die Hand hin, aber dieser reagierte nicht. Ob man eine solche Geste in Rußland nicht kennt? Horst wollte es nicht glauben und hielt die Hand immer noch ausgestreckt. Der Russe setzte sich ungerührt den Ball zum Freistoß, und Horst klopfte ihm, um die Sache endlich zu bereinigen, freundschaftlich auf die Schulter.

»Horst!« brüllte ich, aus Angst, er könnte aus übertriebener Fairneß eine Krise heraufbeschwören.

Schon bald fand ich heraus, daß man uns über den russischen Rechtsaußen Tatuschin nicht zuviel erzählt hatte. Er war schnell wie ein Sprinter. Mein lieber Jupp, dachte ich, der wird dir noch manche Nuß zu knacken geben! Unter dem Gelächter des Publikums machten die beiden Kontrahenten schon bei einem ihrer ersten Rendezvous eine meterlange Rutschpartie auf dem Hintern.

Unverkennbar, daß auch die Russen nervös waren! Aber allmählich kam System in ihre Angriffe. Aha, das war die berühmte Kondition: die fünf Stürmer blieben keine Sekunde still, sie wirbelten durcheinander, mit Ball, ohne Ball. Und vor Herkenraths Tor entstanden die ersten brenzligen Situationen. Ein Schuß von Tatuschin rauschte haarscharf am langen Eck vorbei, eine Bombe des Linksaußen Iljin verfehlte knapp das Ziel. Mit Erleichterung bemerkten wir, daß Werner Liebrich von der ersten Minute an groß in Form war und sich wie ein Löwe in die Angriffswellen der Russen hineinwarf.

Mit mir selbst war ich zu Beginn des Spiels nur halb und halb zufrieden. Ich fühlte mich zwar wohl, leider mißlangen mir aber ein paar Aktionen. Einmal sprang mir der Ball zu weit vom Fuß, dann ging ein Zuspiel daneben, und es kam zu den bereits erwähnten Mißverständnissen mit dem Boß. Auch Max Morlock sah man an, daß er ein bißchen unruhig war.

Schon bei unserer ersten großen Chance hatte er Pech: Ich spielte den Boß an, er paßte zurück, und ich legte ihm den Ball wieder steil vor. Wunderbar kam Rahn an seinem Verteidiger vorbei, während des Laufs flankte er in Strafraumhöhe quer zur Mitte, wo Max auftauchte. Der Nürnberger nahm das Leder direkt an, schoß aber leider am Tor knapp vorbei.

»Mensch, Max, warum hast du dir denn nicht noch 'nen Augenblick Zeit gelassen?« fragte ich.

»Ich hab' gemeint, der Mittelläufer hockt mir schon auf dem Buckel.«

In der Aufregung war Max entgangen, daß er noch ein paar Meter Spielraum hatte. Er war, wie gesagt, etwas nervös.

»Fritz, das macht nix«, beruhigte er mich, »geht schon vorbei!«

Bei einem abgewehrten Kopfball fing das Leder im russischen Strafraum gefährlich zu trudeln an. Mit Riesenschritten eilte Jupp Röhrig herbei. Ich sah, wie er zum Schuß ausholte, im letzten Moment aber von einem der Verteidiger behindert wurde. Jupp mußte überhastet losknallen – knapp daneben!

Man sieht, wir hatten ein paar klare Chancen, obwohl der Gegner stark drückte.

Laut Anweisung in der Spielersitzung sollten wir während der ersten Viertelstunde in der Hintermannschaft konsequent und risikolos decken. Später würde sich ja erweisen, ob sich die Läufer mehr mit dem Aufbau des eigenen Angriffs befassen dürften. Unsere Deckung konnte das doch nicht mißverstanden haben! Fünfzehn Minuten hielt sie treu und brav das Tor rein, und justament in der 16. Minute passierte es:

Dreißig Meter vor Herkenrath erhielt Rechtsaußen Tatuschin den Ball. Er und sein Bewacher Jupp Posipal steuerten aufeinander zu. Da standen sie nun wie zwei Kampfhähne, ein paar Herzschläge lang. Tatuschin setzte sich als erster mit dem Leder wieder in Bewegung. Jupp behielt ihn, rückwärts gehend, im Auge. Er griff nicht an, ging immer nur zurück, Schritt für Schritt – bis sie auf Höhe unseres Strafraums angekommen waren. Wie stellen die beiden sich das bloß vor? dachte ich. Jetzt muß er doch ran, der Jupp! Es sah direkt aus, als wollte Posipal die Situation durch Hypnose klären, denn er ließ den Russen nicht aus den Augen, wich sogar bis in den Strafraum hinein zurück. Vor soviel Nachgiebigkeit wurde selbst Tatuschin unsicher. Sollte er schießen? Flanken? Oder sollte er Posipal umspielen? Plötzlich nahm er den Ball vom rechten auf den linken Fuß und schoß Richtung Tor. Herkenrath war durch das lange Präludium vorgewarnt und stand in der richtigen Ecke seines Kastens zur Abwehr bereit. Da mischte sich ganz unvermittelt Parschin ein. Obwohl Juskowiak den russischen Mittelstürmer in unserem Fünfmeterraum schwer bedrängte, gelang es Parschin, Tatuschins Ball abzufälschen. Völlig unhaltbar für den sich verzweifelt werfenden Fritz Herkenrath sauste das Leder in die linke Ecke.

0:1!

Das Dynamo-Stadion von Moskau erzitterte unter dem tosenden Beifall von mehr als 80 000 Menschen. Nur Stalin und Lenin verzogen keine Miene...

Ich beobachtete, wie die Russen dem zurücklaufenden Tatuschin und auch dem Torschützen Parschin heimlich, still und leise die Hand drückten. Gratulationscouren schienen bei den Sowjets nicht üblich zu sein. Wir hatten sie sowohl im Film von ihrem haushohen Sieg über Schweden als auch beim Spiel Lokomotive – Tiflis vermißt. Über das soeben geschossene Tor mußten sie sehr glücklich sein, wenn sie die Nonchalance, mit der sie sonst Treffer zur Kenntnis nahmen, vergaßen.

Bange machen gilt nicht!

Nach dem 0:1 gerieten wir zehn Minuten lang reichlich durcheinander. Angriff auf Angriff rollte gegen unser Tor. Herkenrath und Liebrich vollbrachten wahre Glanztaten. Posipal und Juskowiak, Eckel und Harpers stemmten sich mit aller Kraft der Gefahr entgegen. Kritisch wurde es besonders, als Liebrich eine Rückgabe machte, den Ball aber zu sehr auf den Boden drückte, so daß er an Fahrt verlor. Ein Russe startete dazwischen – Herkenrath konnte das Leder nur mit tollkühner Parade unter sich begraben.

Erst nach etwa fünfundzwanzig Minuten fanden wir im Sturm zu unserem Spiel. Planvoll und systematisch bauten wir Attacke nach Attacke auf. Das war keine Kleinigkeit, denn Max Morlock und Jupp Röhrig klebten pflichtbewußt meist weit zurück in der eigenen Hälfte an ihren Gegenspielern. Wenn ich den Ball hatte und unser Sturmspiel aufziehen wollte, mußten sie erst von hinten nach vorn kommen, um sich einschalten zu können. Wir erarbeiteten uns eine Reihe Chancen. Der lange Jaschin mit seiner Schlägermütze im Russen-Tor mußte immer wieder eingreifen. Nach einem Steilpaß von mir konnte er den Ausgleich nur dadurch verhindern, daß er wie gehetzt aus seinem Kasten bis weit über die Strafraumgrenze herausjagte.

Und dann stürmte Horst Eckel zum erstenmal vor in den Angriff. Ich servierte ihm einen Paß – überraschend wollte er einschießen. Jaschin ließ den Bombenschuß abprallen und konnte ihn erst im Nachwerfen unschädlich machen.

Eine neue Chance: wir hatten uns gut durchgespielt. Jupp Röhrig gab mir den Ball und lief halbrechts in Strafraumhöhe sofort steil, weil er natürlich mit einer Vorlage von mir rechnete. Ich hatte im Moment auch tatsächlich die Absicht, ihm den Ball zuzuspielen, bemerkte aber, wie zwei, drei Russen in diese Abspielbewegung hineingingen. Instinktiv nahm ich deshalb das

Leder in die entgegengesetzte Richtung mit zur Mitte des Strafraums hin. Hau einfach mal drauf! Vielleicht hast du Glück, dachte ich. Aus sechzehn, achtzehn Metern schoß ich in Richtung langes Eck.

Jaschin hatte sich schon auf diese Ecke konzentriert und flog bereits durch die Luft...

SOS für die Russen! Mittelläufer Baschaschkin ahnte die Gefahr. Mit einem riesigen Spreizschritt à la Liebrich wollte er das Leder stoppen. Gut gemeint! Er erwischte den Ball nicht richtig, er rutschte ihm über den Rist und bekam dadurch Aufwärtsdrall. Als Jaschin das Leder viel höher aufs Tor zukommen sah, als er ursprünglich annehmen mußte, angelte er im Sprung verzweifelt nach oben. Vergeblich. Mit Effet segelte der Ball über ihn hinweg in den Kasten.

1:1!

Ausgleich in der 29. Minute!

Große Gratulationscour! Als wir auseinanderliefen, riefen wir uns zu:

»Jetzt bleiben wir mal dran!«

»Nicht locker lassen!«

»Das sind auch nur Menschen, keine Götter!«

Eine wahre Pracht, wie jetzt bei uns der Laden klappte! Die Viertelstunde bis zur Halbzeit war mit die stärkste des Spiels. Wir jagten die Russen ganz nett durcheinander. Ihre flüssigen Kombinationen stockten, man hörte den berüchtigten Sand im Getriebe knirschen. Wie nervös und zappelig sie auf einmal waren! Sie machten sich unmißverständlich gegenseitig Vorhaltungen. Dem rechten Läufer Maslonkin unterlief im Strafraum ein Fehler. Salnikow, der Halblinke, kam angerannt und schnauzte ihn an. Weiß der Teufel, was er sagte, es wird wohl geheißen haben: »Deck doch gefälligst besser!«

Bei einer Ecke für uns hatten wir Pech. Ich stellte mich vor Torwart Jaschin, lief dem halbhoch mit ziemlicher Fahrt ankommenden Ball entgegen und wollte ihn gerade mit dem Kopf über den hinter mir laufenden Russen heben – in die lange Ekke, wo Morlock und Rahn lauerten –, da rutschte ich mit den Beinen weg. Das Leder flog Jaschin direkt in die Arme.

Kurz darauf drosch der Boß eine Bombe neben das Tor. Schon Sekunden danach stürmte er von rechtsaußen auf halblinke Position, paßte mir den Ball zu, und ich versuchte, mir in der Mitte einen Weg zu bahnen. Wieder zischte mein Schuß haarscharf am langen Eck vorbei.

Wie man sieht: Wir waren groß in Fahrt! Unser linker Flügel aus Köln – Röhrig und Schäfer – kombinierte sicher. Selbst Tatuschin mußte einmal zurückeilen, um Schäfer vom Ball zu trennen. Was kaum jemand bemerkt haben dürfte – in dieser Drangperiode wurde ich bei einem Zweikampf leicht verletzt. Mein linker Knöchel knickte um, und ich hatte ein paar Minuten lang heftige Schmerzen. Aber rausgehen und mir einen Verband machen lassen? Das wollte ich doch nicht, es konnten ja nur noch ein paar Minuten bis zur Pause sein.

Knapp vor der Halbzeit waren wir dem Führungstreffer so nah wie noch nie. Wie wichtig wäre er gewesen! Max Morlock und sein Läufer sprangen gleichzeitig nach einer Flanke von Röhrig, sechs oder acht Meter vor dem Tor. Der Nürnberger blieb Sieger und köpfte das Leder über seinen Gegner. Gerd Harpers kapierte blitzschnell, sauste heran und drosch drauflos. Tausend zu eins: dieser Ball mußte sitzen! Daß die Russen doch noch mit einem blauen Auge davonkamen, verdankten sie einzig und allein der unwahrscheinlichen Reaktionsgeschwindigkeit ihres Torhüters, der das Leder – ich weiß nicht wie – mit den Fingerspitzen um die Pfosten lenkte.

Gleich darauf pfiff Mister Ling zur Halbzeit. Nach dem höllischen Druck der letzten Viertelstunde müssen die Russen nicht schlecht aufgeatmet haben! Wir hingegen konnten mit dem bisherigen Spielverlauf durchaus zufrieden sein. 1:1? Da war noch alles drin!

Die Favoriten im Hintertreffen

Dieser Ansicht war auch Herberger. In der Kabine ließ er uns zuerst mal ein paar Minuten lang zur Ruhe kommen; wir zogen die verschwitzten Trikots aus, frottierten uns ab und tranken einen Schluck Tee. Dann gab er uns Ratschläge für die nächsten fünfundvierzig Minuten. Es hatte sich in der ersten Halbzeit herausgestellt, daß Ogonjkow, der schnelle russische Linksverteidiger, dem Boß das Leben denkbar sauer machte. Der Chef meinte, wir sollten deshalb mehr über unsere linke Seite angreifen, wo sich Röhrig und Schäfer bisher prächtig durchsetzen konnten. Ich sollte mich dementsprechend mehr nach links hinüberschieben. Von der Abmachung, auch ohne Verletzungen den Torwart oder einen Spieler auswechseln zu dürfen, machten wir einstweilen keinen Gebrauch.

Die Pause verging wie im Flug. Ehe wir recht zur Besinnung kamen, ertönte schon das Signal zum Weitermachen.

Auch die Russen marschierten mit unveränderter Mannschaft wieder auf den Platz. Ling pfiff an.

Durch die Unterbrechung war unser Angriffsschwung nicht abgeebbt. Wir bestimmten weiterhin den Rhythmus, und die Russen mußten sich verzweifelt gegen unsere Attacken wehren. Wir waren so gut in Fahrt wie in keinem Spiel seit der Weltmeisterschaft.

In der 53. Minute war es dann so weit: Jupp Röhrig und Hans Schäfer, das glänzend aufeinander abgestimmte Kölner Duo, hatte sich souverän durchgespielt. Jupp schickte seinen Vereinskollegen mit einem Steilpaß auf die Reise. Hannes kam der Toraußenlinie immer näher. Plötzlich schoß er aus beinahe unmöglichem Winkel. Was wir selbst nicht zu hoffen wagten – sein Drehschuß brachte uns das Führungstor...

Jaschin hatte wohl mit einer Flanke gerechnet, er stand schon etwas vor seinem Kasten, um sie abzufangen. Als er merkte, was die Stunde schlug, ließ er sich blitzschnell nach rückwärts fallen. Sinnlos, zwecklos, umsonst! 2:1! Wir führten! Die großen Favoriten dieses Spiels lagen nun im Hintertreffen. Waren wir auf dem Weg, wie in der Schweiz eine Sensation zu liefern?

Hans Schäfer durfte froh sein, daß die Russen und Mister Ling ungeduldig darauf warteten, daß das Spiel weiterging – wir hätten ihn sonst in unserer Begeisterung glatt erdrückt. Als wir endlich alle auf unsere Plätze liefen, rannte Gerd Harpers noch mal extra auf den Torschützen zu und gab ihm einen Dankeskuß. Einen besseren Dienst, als uns so kurz nach dem Wiederanpfiff in Führung zu bringen, hätte uns Hannes nicht erweisen können.

Uns schwoll nun mächtig der Kamm, wir stürmten, wir griffen an. Harpers, Schäfer und Röhrig tauchten in Jaschins Strafraum auf. Rahn versuchte sein Glück. Irgend etwas lag in der Luft.

Unser drittes Tor? Wie man sich doch täuschen kann! Ganz unvermutet übernahmen die Russen das Kommando. Verlieren? Das kam für sie überhaupt nicht in Frage! Leidenschaftlich warfen sie sich nach vorn. Fanatisch riß einer den anderen mit. Über den ganzen Platz schrien sie sich Aufmunterungen zu. Es war, als hätten sie plötzlich eine Spritze bekommen.

Sie drückten mit ungeheurer Wucht. Vor unserem Tor hörte der Alarmzustand nicht mehr auf. Wir wehrten uns verzweifelt dagegen, unser erfolgreiches offensives Spiel aufzugeben, doch was blieb uns anderes übrig? Sogar die Verteidiger Ogonjkow und Parchunow mischten sich jetzt mit in den Angriff. Die Läufer wurden immer waghalsiger. Vor, nichts wie vor gegen das deutsche Tor!

Jupp Röhrig mußte sich nun preß an Maslonkin hängen. Und Max schuftete wie ein Berserker. Er hatte von allen die undankbarste Aufgabe: Netto zu beschatten. Unermüdlich versuchte er, sich trotzdem auch noch dem eigenen Angriff zu widmen.

Mitten im tollsten gegnerischen Sturmwirbel hätten wir beinahe unser drittes Tor geschossen. Liebrich schickte mir von hinten heraus einen Paß, und schon brüllte der Boß: »Friedrich!« Stopper Baschaschkin und Rahns Verteidiger Ogonjkow hatten unseren gefährlichen Rechtsaußen einen Augenblick lang unbewacht gelassen. »Friedrich!« also brüllte er und startete auch schon los. Ohne den Ball anzuhalten, gab ich ihn in der Drehung steil zum Boß. Jetzt nutzten selbst Ogonjkows Sprinterbeine nichts. Helmut brannte ihm durch, erwischte das Leder und stürmte weiter, Torhüter Jaschin entgegen. Das war Rahn, wie er leibt und lebt.

Er stürmte weiter, gejagt von Ogonjkow. Jaschin war für ihn kein Hindernis. Doch bevor der Ball nach temperamentvollem Rahn-Schuß im Netz zappelte, pfiff Mister Ling. Abseits? Der Linienrichter hatte jedenfalls die Fahne gehoben…

Jammerschade! Mit drei Toren und der nötigen Vorsicht hätte uns so leicht nichts mehr passieren können. Später wurde darüber diskutiert, ob die Abseitsentscheidung des Schiedsrichters begründet war. Ich selbst kann dazu nichts sagen. Ich stand mit dem Rücken zum gegnerischen Tor, hatte zwar den russischen Mittelläufer und den linken Verteidiger im Blickfeld, nicht aber den rechten. Stand er vor oder hinter Rahn?

Wer mehr Luft hat, gewinnt

Etwa zwanzig Minuten noch! Kondition war jetzt alles. Die Russen besaßen sie, sie kombinierten, drängten, schnürten uns ein. Einundzwanzig Mann spielten in unserer Hälfte. Trotzdem war der russische Trainer noch nicht zufrieden. Er nahm den Halbrechten Isajew aus der Mannschaft und ersetzte ihn durch Kusnetzow. Kurz darauf, in der 70. Minute, schafften die Russen den längst befürchteten Ausgleich. Ein schon abgewehrter Flankenball kam von unserer Hintermannschaft zu Netto. Max Morlock funkte sofort dazwischen, aber der russische Kapitän konnte doch noch zu seinem rechten Läufer Maslonkin abspielen. Jupp Röhrig und Maslonkin schlugen zusammen nach dem Leder – Preßball! Er sprang in Richtung deutsches Tor. Gefahr! Maslonkin hatte sich sofort von seinem Bewacher Jupp gelöst und kam in Strafraumhöhe wieder in Ballbesitz. Er holte zum Schuß aus, da machte das Leder einen eigenwilligen Bocksprung. Maslonkin ließ es noch einen Augenblick rollen – niemand griff ihn an! Dann schoß er. Armer Fritz Herkenrath! Dieser Ball, der halbhoch, knapp am Pfosten vorbei ins Netz rauschte, war Schicksal!
2:2
Das Stadion bebte unter den Begeisterungsstürmen des Publikums. Wir schauten uns betreten an. Kein Zweifel, die Brüder wollten uns ernsthaft an den Kragen! Auf Biegen und Brechen also! Wir gaben nicht auf, mußten allerdings defensiv spielen. Jetzt wollte auch Herberger von seinem Recht, einen ausgeruhten Spieler in die Mannschaft zu nehmen, Gebrauch machen. Und da Max Morlock wohl am meisten geschuftet hatte, schickte er für ihn Willi Schröder aus Bremen aufs Feld. Vielleicht konnte der Ersatzspieler eine Blutauffrischung für den Sturm bedeuten. Auf jeden Fall würde er der Hintermannschaft Entlastung bringen.
Wenige Minuten später hängten uns die Russen endgültig ab. Tatuschin flankte meisterhaft zur Mitte, dort stand der Halblinke Salnikow und köpfte den Ball aus etwa fünf Meter in die kurze Ecke. Für uns alle war das 2:3 schon perfekt. Da stürzte sich Juskowiak verzweifelt in die Gefahrenzone und köpfte im Rückwärtsfallen das Leder weg. Wir atmeten auf, aber nicht

lange. Juskowiaks Kopfball flog nur fünf oder sechs Meter weit, schon brauste Linksaußen Iljin heran und erzielte mit einem unwahrscheinlich scharfen Rechtsschuß in die lange Ecke die Führung für seine Mannschaft. Also doch 2:3! Liebrich stand auf der Linie und versuchte, mit mächtigem Spreizschritt das Unglück noch abzuwenden, kam aber um Millimeter zu kurz. 2:3! in der 74. Minute!

Wir reagierten ausgesprochen komisch. Nun, da es passiert war, verließ uns mit einem Schlag die teuflische Angst, die wir vor diesem Führungstor der Russen hatten. Unser Spiel wurde wieder freier und offensiver. Die Sowjets ihrerseits waren im Augenblick zufrieden und schalteten einen Gang zurück. Zwar versuchten sie, ihren Vorsprung auszubauen, aber doch nicht mehr mit der Besessenheit, die sie bis dahin gezeigt hatten.

Trotzdem machte sich auch in diesem Spielabschnitt ihre überlegene Kondition bemerkbar. Sie hatten immer noch so viel Luft, mit allen Mann vorn und wenn nötig mit allen wieder hinten zu sein. Umspielten wir einen Gegner oder zwei, so wurden wir danach oft nicht von einem dritten, sondern wieder von dem ersten oder zweiten angegriffen. Ein umspielter Russe gab sich niemals geschlagen, sondern schaltete sich sofort wieder ein. Nicht locker lassen! lautete die Devise, und an ihr hielten die Sowjets fest ohne Pardon.

Auch ich sollte es einmal zu spüren bekommen. Uns wurde in Höhe des gegnerischen Strafraums ein Freistoß zugesprochen. Röhrig setzte sich den Ball. Ich lief Jupp ein paar Schritte entgegen und rief ihm zu, er solle doch zu mir abgeben. Im Augenblick achtete nämlich keine Menschenseele auf mich. Jupp hörte nicht. Ich rief noch mal lauter. Jupp hörte wieder nicht. Inzwischen aber hatte Iljin, der ganz linksaußen stand, spitzgekriegt, wie sträflich unbewacht ich war. Er spurtete wie ein Kurzstreckenläufer quer über das Spielfeld auf mich zu. Als Jupp endlich auf mich aufmerksam wurde, klebte Iljin schon fest an mir. Sinnlos, mich jetzt noch anzuspielen.

Gegen eine solche Kondition, wie sie unter anderem Iljins mühelose Einlage verriet, hätten wir nur in unserer Schweizer Höchstform eine Chance gehabt. Damals hatten wir uns durch tägliches Training und durch die natürliche Steigerung von Spiel zu Spiel eine ähnliche Kondition erworben. In Moskau waren die Voraussetzungen weitaus ungünstiger: Der Lehrgang in München-Grünwald lag schon Wochen zurück, und die Fußballsaison hatte eben erst wieder begonnen. An gutem Willen fehlte es uns bestimmt nicht, aber an – Kraft...

»Alle mithelfen, der Laden wird dicht gemacht!« rief Liebrich kurz vor Schluß von hinten. »Jetzt darf nichts mehr rein!«

2:3 war immerhin ein ehrenvolles Ergebnis. Es brauchte ja nicht noch zum guten Schluß 2:4 oder gar 2:5 heißen!

Hatten die Russen ihrerseits Order, das Resultat nicht mehr durch allzu offensive Spielweise zu gefährden? Sie ließen sich in den letzten Minuten auffallend viel Zeit. Vor allem bei Jaschin, dem Torwart, merkte man das. Er lief mit dem Ball manchmal vom rechten Strafraumeck zum linken und dann wieder in die Mitte zurück, bevor er sich zum Abschlag entschloß.

Natürlich ließen wir uns trotz vorübergehender Schwächen nicht einfach sang- und klanglos in die Tasche stecken, sondern arbeiteten sogar noch ein paar klare Chancen heraus.

Jupp Röhrig hatte sich einmal großartig frei gelaufen und nahm einen Steilpaß von mir auf. Aus ungefähr achtzehn Metern startete er einen Bombenschuß – so scharf, daß Jaschin ihn nicht festhalten konnte. Das Leder sprang ihm weg, und der russische Torhüter mußte sich beeilen, es vor dem durchgespurteten Jupp an sich zu reißen.

Eckel, der angeschlagen wurde und auf halblinks gerückt war, raste der verunglückten Rückgabe eines Russen nach. Nur mit tollkühnem Hechtsprung konnte Jaschin den Ball vor Horst abfangen.

Bei einem Freistoß, den ich mit Effet vors Tor hob, glaubte ich den Ball – auf dem Umweg über Harpers Kopf – schon sicher im Netz. Aber Jaschin faustete das Leder zurück ins Feld.

All diese Chancen brachten uns nichts ein. Abgesehen von den ersten zwanzig Minuten und den letzten fünf, gehörte die zweite Halbzeit den Russen. Dafür spricht auch das krasse Eckenverhältnis. Dabei kann man ruhig sagen, daß letzten Endes unser Sturm das Spiel verloren hat. Die Hintermannschaft war in Bombenform und hat voll und ganz ihre Pflicht getan. Doch eine Zeitlang gingen alle Bälle, die zu uns nach vorn kamen, postwendend wieder zurück. Wir Stürmer waren nicht mehr in der Lage, sie zu halten, zu kombinieren oder gar das gegnerische Tor in Gefahr zu bringen. Aber wirklich nur eine Zeitlang! Dann redeten auch wir wieder mit.

Beide Mannschaften konnten an dem 2:3 nichts mehr ändern. Die Russen schafften es nicht, ihren Vorsprung zu vergrößern, und uns glückte der Ausgleich nicht.

Nach einer Ecke für uns, die nicht mehr ausgeführt wurde, pfiff Mister Ling das Spiel ab. Spontan gingen die Russen auf uns und wir auf die Russen zu. Wir drückten uns die Hände und klopften uns anerkennend auf die Schultern. Ich gratulierte Netto und bedankte mich beim Schiedsrichter.

Wir waren einem Gegner mit hervorragender Kondition unterlegen, aber wir hatten ihm den Sieg nicht leichtgemacht.

✳

In der Kabine wurde die allgemeine Händeschüttelei fortgesetzt. Herberger machte die Runde, und ich dankte jedem einzelnen, vor allem aber Liebrich und Herkenrath, für den phantastischen Einsatz. Wenn ich auch an mir selbst in der letzten halben Stunde manches auszusetzen hatte... im Augenblick sah ich nur zufriedene Gesichter.

Dann räkelten wir uns in den Polstersesseln und machten zuerst einmal gründliche Schnaufpause. In Gemütsruhe zogen wir die Schuhe aus und die naßgeschwitzten Trikots. Anschließend stürzten wir uns auf den heißen Tee. Wir hatten unvorstellbaren Durst und waren nach der tagelangen Flüssigkeitsbeschränkung und den Strapazen des Spiels wie ausgedörrt. Im allgemeinen Durcheinander bekamen wir Besuch: der russische Trainer und Spielführer Netto tauchten auf. Schön der Reihe nach gingen sie zu Herberger, zu mir und zu jedem Spieler.

»Da werden wir wohl Gegenvisite machen müssen«, sagte ich zum Chef, als die beiden wieder draußen waren. In Begleitung unseres Dolmetschers spazierten wir in die Russenkabine.

Nach dem Brausen und Anziehen nahmen wir Abschied von unserem Salon und machten uns auf den Weg zum Omnibus. Tausende von Menschen hatten gewartet, um uns begeistert Beifall zu spenden. Sie riefen uns unverstandene, aber zweifellos freundliche Bemerkungen zu und klatschten in die Hände.

Im »Sowjetskaja« hatten wir nur eine halbe Stunde Zeit. Wir tranken Kaffee, und Herberger nutzte die Gelegenheit, uns bei einem Glas Sekt für die letzten schweren Wochen zu danken. Das sonst am Abend nach Länderspielen übliche Bankett fand erst am Montag statt. Für den Sonntagabend hatte man sich etwas Besonderes ausgedacht: ein großes Volksfest in der Eremitage, uns zu Ehren. Mitten in einem Park mit vielen Pavillons lag die große Festhalle. Wir wurden direkt auf die Bühne geführt, auf der die russische Elf schon Platz genommen hatte.

Und wieder einmal floß der Schweiß. Im Saal war es drückend heiß, auf die Festredner und uns wurden außerdem noch ungezählte Scheinwerfer gerichtet. Dr. Bauwens und sein russischer Kollege tauschten Geschenke aus. Unser DFB-Präsident überreichte dem Russen eine schön getriebene Kupferschale und nahm dafür eine riesige Pokalvase aus Kristall in Empfang. Plötzlich steuerten die russischen Spieler auf uns zu; jeder suchte sich seinen Gegenspieler aus und schenkte ihm eine kleine, kunstvoll lackierte Schmuckkassette. Wir hatten als Gegengabe grüne Reisenecessaires mit DFB-Wappen bereit.

Wir dehnten den Abend nicht allzusehr aus, sondern fuhren kurz nach Mitternacht in unser Hotel zurück, wo der Chef noch seine übliche Bierrunde ausgab. Dann war endgültig Feierabend. Wir gingen ins Bett, quasselten noch eine Zeitlang über das Spiel und über alles, was wir im Sturm hätten besser machen können. Dann klingelte das Telefon: »Ihr Gespräch!«

»Hallo … hallo … Italia? Hier ist Fritz!«

Klar, als spräche sie aus dem Nebenzimmer, hörte ich die Stimme meiner Frau. Wir beide, sie in der Beethovenstraße in Kaiserslautern und ich in Zimmer 420 des Moskauer Hotels »Sowjetskaja«, konnten es nicht fassen. Angeregt durch das Gespräch, das Jupp Posipal mit seinen Eltern in Rumänien führen durfte, hatte ich mich beim Dolmetscher erkundigt, ob ich nicht auch eventuell…

»Warum nicht?« hatte er gesagt und mich gleich zur Hoteltelefonistin gelotst.

»Es kann eine oder anderthalb Stunden dauern«, meinte sie.

»Macht nichts wir schlafen doch noch nicht. Legen Sie das Gespräch dann bitte auf mein Zimmer!«

Und da war es nun. Ich sprach von Moskau aus mit meiner Frau! Fragte sie, wie man in Deutschland das Spiel aufgenommen habe, wie die Stimmung sei…

»Dolles Ding!« sagte der Boß, als ich aus Angst vor der Rechnung endlich einhängte. Der Spaß kostete aber nur 29 Rubel.

Am Montagmorgen waren wir alle wieder munter und mobil und fuhren nach dem Frühstück in den Kreml. Keiner von uns hätte es sich noch vor wenigen Wochen träumen lassen, an Ort und Stelle das Symbol russischer Kultur zu bewundern. Das Mausoleum auf dem Roten Platz, in dem Lenin und Stalin aufgebahrt liegen, konnten wir – montags geschlossen – nur von außen besichtigen.

Es war eine Fülle von Eindrücken, die wir mittags bei der Bettruhe zu verarbeiten hatten!

Kaviar und Krimsekt

Das Bankett am Montagabend fiel aus dem Rahmen des Üblichen. Wir wurden im »Sowjetskaja« in einen prächtigen Musiksaal geführt, der ganz in Marmor gehalten war. Zur Einleitung reichte man einen Aperitif, den wir stehend tranken. In tiefen Sesseln sitzend verfolgten wir (die russischen Spieler mit ihren Frauen, die deutsche Expedition und eine Reihe von Ehrengästen) das bunte Programm auf der Bühne.

Gegen zehn Uhr siedelten wir in einen großen Nebensaal um, wo uns aber keine gedeckte Tafel, sondern ein zwanglos auf vielen Tischen angerichtetes kaltes Büfett erwartete.

Wir brauchten uns nur zu bedienen! Wein, Sprudel, Bier, Wodka, Limonade, alles war vorhanden. Von den appetitlich angerichteten Delikatessen schmeckte uns vor allem eine bestimmte Wurstsorte ganz großartig. Wir behielten die entsprechenden Platten scharf im Auge. Doch die Wurst war so begehrt, daß bald nicht mehr viel von ihr zu entdecken war. Selbst Herberger ließ die Augen wandern...

Eine Platte stand noch unberührt; ich machte mich auf, sie für Werner Liebrich, den Boß und mich zu kassieren. Aber ich war nicht der einzige, der um die appetitliche Angelegenheit herumstrich. Der Kreis um Herberger sah mich kommen und wollte mir den Fang vor der Nase wegschnappen. Ich reagierte blitzschnell – unauffällig natürlich, ganz unauffällig! Kurz und gut, Platte und Dank von Werner und Helmut waren mir sicher.

»Jaja – das gute Stellungsspiel«, lachte der Chef vergnügt.

Später entdeckten wir überraschend noch eine weitere Platte mit der herrlichen Wurst, aber wir waren satt.

»Jetzt spielen wir dem Chef einen Streich«, beschlossen wir. Ich nahm die Riesenplatte, der Boß ein winziges Stückchen Butter, Werner ein winziges Stückchen Brot. Damit marschierten wir zu Herberger und sagten großzügig. »Bitte sehr!«

Der Chef, der sich inzwischen an anderen guten Sachen schadlos gehalten hatte, konnte sich das Lachen nicht verbeißen.

»Ihr Burschen wollt mich wohl auf den Arm nehmen? Vorhin hätte ich das gern gegessen, aber ich komm' ja immer zu kurz!«

Der Clou des Abends war der berühmte Krimsekt, der von Obern kredenzt wurde. Er schmeckte uns ganz hervorragend.

Am nächsten Morgen mußten wir schon um sechs Uhr aus den Federn. Ach, die leidige Kofferpackerei! Daheim wird immer alles schön ordentlich verstaut, unter Oberaufsicht der Ehefrau. Aber fern der Heimat ist Packen schon ein Problem! Wir halten uns dabei vor allem an zwei goldene Regeln: Nichts vergessen! Und rein muß alles, wie ... das ist egal!

Zur Verabschiedung auf dem Flugplatz waren abermals viele russische Offizielle, aber zu unserer Überraschung auch der Trainer und der Spielführer Netto erschienen. Wir schüttelten uns ein letztes Mal in sportlicher Kameradschaft die Hände und bestiegen nach einem dreifachen hipp-hipp-hurra die Maschine, die uns zurück nach Ostberlin brachte.

Abgesehen von meinen unvermeidlichen Ohrenschmerzen überstanden wir den Flug gut. Herberger wanderte von einer Gruppe zur anderen und diskutierte mit jedem einzelnen schon wieder über das nächste Länderspiel.

Der Aufenthalt in Berlin, wo wir begeistert begrüßt wurden, war nur kurz, die meisten flogen am gleichen Tag weiter nach Hause. Wir Kaiserslauterer blieben noch über Nacht. Selbstverständlich benutzten wir die Gelegenheit, nach Wochen endlich, endlich wieder mal ein gut gekühltes Bierchen zu trinken!

Mit dem Zug fuhren wir am frühen Morgen nach Frankfurt. Dort holte uns meine Frau mit dem Wagen ab und brachte uns heim nach Kaiserslautern.

Zwei Stunden später ging ich zum Training auf den Betzenberg...

NACHWORT

Nach dem Gewinn der Weltmeisterschaft, bei der Fritz Walter die überragende Spielerpersönlichkeit war, plante Sepp Herberger langfristig weiter mit seinem Meisterschüler. Doch Fritz Walter, von allzu heftigen Kritiken der Journalisten beeindruckt, dachte auch schon mal an seinen Rücktritt. So zum Beispiel vor dem Länderspiel gegen Belgien am 26. September 1954: Zur großen Überraschung der Öffentlichkeit verkündete er, daß er von nun an nicht mehr in der Nationalmannschaft zu spielen gedenke. Seine Gesundheit lasse ihm keine andere Wahl. Doch Sepp Herberger, der große Mentor, konnte und wollte sich eine Nationalmannschaft ohne seinen Ideenumsetzer und Spielgestalter nicht vorstellen, und nach bitteren Niederlagen gegen Belgien (0:2 in Brüssel) und England (1:3 in London) und einem Sieg gegen Portugal (3:0 in Lissabon) hatten seine beharrlichen Bemühungen endlich den gewünschten Erfolg: Anfang 1955 kehrte Fritz Walter ins Team zurück und verlor auch nach Niederlagen gegen Italien (1:2 in Stuttgart) und die Sowjetunion (2:3 in Moskau), mit denen sich Fritz Walter in zwei Kapiteln dieses Buches beschäftigt, die Lust nicht.
Endgültig Schluß schien dann aber nach dem 1:3-Spiel am 25. November 1956 in Frankfurt gegen die Schweiz zu sein. Kritiker, vor allem die aus Westdeutschland, ließen kein gutes Haar an der Leistung des sensiblen Pfälzers. Und wäre da nicht erneut Sepp Herberger gewesen, der sich in den Kopf gesetzt hatte, auch bei der WM 1958 den Taktstock in die Hände seines »Ziehsohnes« zu legen, hätte es wohl kaum eine zweite Weltmeisterschaft mit Fritz Walter gegeben.
Herberger und die Spieler Helmut Rahn und Hans Schäfer, auf die der »Weise von der Bergstraße« in Schweden ebenfalls nicht verzichten wollte, bauten den Gekränkten wieder auf. Und so gab also Fritz Walter noch mal den Takt an, als der Titelverteidiger in Göteborg das erste WM-Spiel gegen Argentinien mit 3:1 gewann.
Der inzwischen Achtunddreißigjährige erfüllte die hohen Erwartungen und war einmal mehr die spielbestimmende Figur im deutschen Team. Erst im Halbfinale mußten die Deutschen

die Hoffnungen auf eine erfolgreiche Titelverteidigung begraben, obwohl die Aussichten, das Endspiel zu erreichen, nicht schlecht gewesen waren. Zwei Ereignisse machten der deutschen Elf einen Strich durch die Rechnung:

In der zweiten Halbzeit des Spiels gegen Schweden verlor Deutschland Verteidiger Erich Juskowiak durch Platzverweis; der Düsseldorfer hatten sich von Italienprofi Kurre Hamrin zu einem Revanchefoul hinreißen lassen. Mit zehn Mann aber konnte das DFB-Team das 1:1 nicht halten.

Fritz Walter, der sich in Schweden in überragender Form präsentierte, Helmut Rahn und Uwe Seeler mit zentimetergenauen Pässen vors Tor der Schweden schickte und sich mit Hans Schäfer im Mittelfeld prächtig ergänzte, wurde vom Schweden Parling so schwer verletzt, daß er sich in der zweiten Halbzeit des öfteren aus dem Spiel ausklinken mußte.

So gewann Schweden 3:1 und kam gegen Brasilien, den späteren Weltmeister ins Endspiel. Deutschland aber spielte um Platz drei: Ohne Fritz Walter, ohne Uwe Seeler und ohne Torhüter Fritz Herkenrath gab es gegen die leichtfüßigen Franzosen eine 3:6-Niederlage.

Für Fritz Walter, das stand nun endgültig fest, war damit die Nationalspielerkarriere beendet. Auch Sepp Herberger machte keine Anstalten, diesen Entschluß noch einmal umzustoßen, auch wenn er später freimütig bekannte: »Ich hatte allen Ernstes daran gedacht, Fritz Walter noch einmal für die Weltmeisterschaft 1962 in Chile zurückzuholen.

Als er 1964 mit 67 Jahren als Bundestrainer abtrat, wollte er Fritz Walter zu seinem Nachfolger machen. Doch der Lauterer winkte ab, hielt sich für diesen nervenaufreibenden und verantwortungsvollen Job nicht für robust genug.

Herberger blieb Fritz Walter bis zu seinem Tode im Frühjahr 1977 herzlich verbunden. Beinahe jedes Jahr trafen sich die »Helden von Bern« einmal beim »Chef« in Hohensachsen an der Bergstraße. Später organisierte Fritz Walter selbst die Zusammenkünfte der alten Kameraden. Als Repräsentant der Sepp-Herberger-Stiftung besuchte er zudem Haftanstalten in ganz Deutschland, um auf diese Weise einen Beitrag zur Resozialisierung gestrauchelter Jugendlicher zu leisten.

Nach der Fußballzeit verpflichtete ihn die Weltfirma Adidas als

Mitarbeiter. Obwohl er als Spieler im Vergleich zu den heutigen Profis wirklich nur ein Taschengeld erhielt, ist er auf seine Nachfolger keineswegs neidisch: »Wir haben zwar wenig verdient, aber dafür die schönere Fußballzeit erlebt. Bei uns ging es viel familiärer und kameradschaftlicher zu«, pflegt er zu sagen.

1951 hätte er eine gute Gelegenheit gehabt, das »große Geld« zu kassieren: Atletico Madrid bot für einen Zweijahresvertrag 250 000 Mark Handgeld – für damalige Verhältnisse ein Vermögen –, dazu 10 000 Mark Gehalt, Prämien, ein Auto und eine freie Wohnung. Nach Rücksprache mit Sepp Herberger lehnte er das Angebot jedoch ab. »Dehäm is dehäm« – daheim ist daheim –, begründete er die Entscheidung, seiner geliebten Pfalz und seinem geliebten 1. FC Kaiserslautern die Treue zu halten.

Welch großer Beliebtheit und Wertschätzung er sich bis zum heutigen Tag erfreut, erfuhr er zuletzt anläßlich der Feier seines siebzigsten Geburtstages. Bundeskanzler Helmut Kohl lud Fritz Walter zum Empfang ins Palais Schaumburg und stieß mit ihm und Frau Italia auf die Gesundheit des populären Landsmannes an. Mit dabei waren die Weltmeister Helmut Rahn, Hans Schäfer, Max Morlock, Bruder Ottmar und Horst Eckel, Jupp Posipal, Charly Mai sowie vom Finalgegner Ungarn der WM 1954 Torhüter Gyula Grosics und Nandor Hidegkuti. Unter großem Beifall sagte Helmut Kohl: »Es gibt nur zwei lebende Persönlichkeiten des deutschen Sports, die vergleichbar sind: Fritz Walter und Max Schmeling.«

Zu den zweifellos größten Ehrungen, die Fritz Walter zuteil wurden, gehört aber wohl die 1985 erfolgte Umbenennung des Stadions am Betzenberg in »Fritz-Walter-Stadion«, mit der die Kaiserslauterer dem Ehrenspielführer der deutschen Nationalmannschaft ein würdiges Denkmal setzten.

Karlheinz Mrazek, Mai 1991.

FRITZ WALTER

Geboren am: 31. Oktober 1920
Geburtsort: Kaiserslautern

»Regisseur und Torjäger«

Klub: 1. FC Kaiserslautern (1930–1959)
Elfmal Meister der Oberliga Südwest, 1953 Torschützen-
könig dieser Liga mit 38 Toren
Deutscher Meister: 1951, 1953

Länderspiele: 61 (33 Tore, dreißigmal Spielführer)
WM-Teilnahmen: 1954, 1958

Weltmeister: 1954

Ehrenspielführer der deutschen Nationalmannschaft.
Träger des Großen Bundesverdienstkreuzes und des
Silbernen Lorbeerblattes. Anläßlich seines 65. Geburts-
tages wurde Fritz Walter zum Ehrenbürger der Stadt
Kaiserslautern ernannt.

INHALT